Ulrike Pilz-Kusch

60 Impulskarten
Kraftvoll durch den Tag

BELTZ

Mit Focusing ungeahnte Kraftquellen aktivieren lernen

Mit diesem Impulskartenset möchte ich Sie – und die Ihnen Anvertrauten – stark und kompetent machen, damit Sie die vielen Herausforderungen unserer temporeichen, hektischen Welt leichter meistern, mit deutlich weniger Stress und einer guten Portion mehr Lebensqualität. Ich möchte Ihnen Mut machen, dass dies einfach und lustvoll geht. Mit Focusing gelingt dies in einem guten, lebendigen Kontakt zu sich, zu Ihrer Kraft und Ihrem inneren Kompass.

Sie erhalten ein »Powerköfferchen« mit den alltagstauglichsten und wirkungsvollsten Übungen der acht Focusing-Schlüsselwerkzeuge, die sich in langjähriger Seminar- und Coachingpraxis bewährt haben. Mit der Kombination aus Krafttankstellen, stärkenden Tagesritualen und Stressumwandlern sind Sie gut gerüstet, um sich stark, zentriert und gelassen durch den vollen (Arbeits-)Tag und Stresssituationen zu navigieren, ohne sich auszupowern. Damit können Sie und Ihr Klientel lernen, wie Sie

- tagsüber klug und effektiv mit vier Ladestationen stets für volle Energiespeicher sorgen und ungeahnte Kraftquellen zwischendurch auch im stressigen Alltag gezielt aktivieren – mit wenig (Zeit-)Aufwand und mit Methoden, die zu Ihnen passen.
- in guter Energie konzentriert arbeiten und Ihren Fokus auf das wirklich Wesentliche richten.

- unnötigen Stress vermeiden, Anspannung und negative Gedanken rasch umwandeln und den Fokus auf das Positive und Voranbringende richten.

Das Herzstück sind die zehn **Erkundungsexperimente**, mit denen Sie selbst mithilfe Ihres inneren Kompass (Mini-Focusing) lernen,

- ungenutzte Ressourcen in sich gezielt zu aktivieren,
- auf Ihr Inneres zu hören und
- in kurzer Zeit herauszufinden, was in verschiedenen Situationen für Sie wirklich richtig und stimmig ist.

Mit diesem Training stärken Sie sowohl Ihre Selbststeuerungskompetenz und Stressresistenz als auch Ihre Präsenz und Produktivität. Sie gewinnen Power und Zeit. Sie erhöhen den achtsamen Umgang mit sich und anderen. Sie steigern Ihre Entspannungs- und Erholungsfähigkeit sowie Ihre ganzheitliche Leistungsstärke.

Ich möchte Sie zu einer **Entdeckungsreise** einladen. Experimentieren Sie mit den achtsamkeitsbasierten Focusing-Übungen und den Experimenten. Erkunden Sie ganz bewusst, welche kleinsten Kraftinseln Sie in Ihrem Alltag entdecken, und wie es Ihnen gelingt, während der Arbeit zwischendurch in drei bis 90 Sekunden Ihren Stresspegel herunterzufahren und Kraft zu schöpfen. Erkunden Sie in der Mittagspause und nach der Arbeit, wie Sie wirksam abschalten, den Kopf frei bekommen und Ihre Energiespeicher in erstaunlich wenig Zeit wieder auffüllen. Erkunden Sie, welche Tagesrituale und Stressumwandler Ihnen helfen, in einer guten Energie zu arbeiten, für ein starkes Miteinander am Arbeitsplatz zu sorgen, sich nicht aus der Bahn werfen zu lassen und den Fokus auf das Positive zu richten. So bleiben Sie Regisseure Ihres Lebens und erreichen mehr für sich und andere.

Die Impulskarten eignen sich sowohl für engagierte und geforderte Verantwortungsträger als auch für Trainer, Coaches, Berater, Therapeuten, Lehrer und Erzieherinnen sowie für Ihr Klientel, für Focusing-Erfahrene und -Unerfahrene, für solche, die weder das Buch »Burnout: Frühsignale erkennen – Kraft gewinnen« noch die CDs »8 Schlüssel gegen Stress und Burnout« und »Abschalten, entspannen und auftanken« kennen. Die Impulskarten ergänzen das Buch und die CDs und gehen mit vielen neuen Übungen, Ritualen und Erkundungsexperimenten darüber hinaus.

Literatur und CDs zu den acht Focusing-Schlüsseln

Pilz-Kusch, Ulrike (2012): Burnout: Frühsignale erkennen – Kraft gewinnen. Praxisübungsbuch für Trainer, Berater und Betroffene. Mit 8 Focusing-Schlüsseln, die wirklich helfen. Beltz, Weinheim und Basel

Pilz-Kusch, Ulrike (2016): Abschalten, entspannen und auftanken. Achtsam und stark durch den Tag mit einfachen Focusing-Übungen. Audio-CD. Beltz, Weinheim und Basel

Pilz-Kusch, Ulrike (2014): 8 Schlüssel gegen Stress und Burnout. Focusing-Übungen für mehr Kraft am Arbeitsplatz. Audio-CD. Beltz, Weinheim und Basel

Focusing und die acht Focusing-Schlüssel zu Ihrer Schatzkiste

Hintergrund und Basis der Impulskarten ist ein praxiserprobtes System von acht achtsamkeitsbasierten Focusing-Schlüsselwerkzeugen der Selbstführung.

Die acht Focusing-Schlüssel

- Schlüssel 1: Innehalten – sich spürend tiefer wahrnehmen
- Schlüssel 2: Sich freundlich-fürsorglich selbst beobachten im Tun
- Schlüssel 3: Sich mit FreiRaum wirksam entlasten
- Schlüssel 4: Allem erlauben, da zu sein
- Schlüssel 5: Den Fokus auf das lenken, was stärkt und voranbringt
- Schlüssel 6: Mit Mini-Focusing innere Klarheit gewinnen
- Schlüssel 7: Anders arbeiten – Ressourcen schonend und aktivierend zugleich
- Schlüssel 8: Rhythmisieren – die Kraft des gesunden Wechsels

Diese unterstützen Sie in allen Situationen Ihres Lebens dabei, das Steuer bewusst in die Hand zu nehmen und mithilfe Ihres inneren Kompasses den für Sie richtigen Kurs zu finden sowie stark und stimmig zu handeln. Die Methode ist ausführlich im Buch »Burnout: Frühsignale erkennen – Kraft gewinnen« (2012) beschrieben.

Focusing ist eine empirisch überprüfte hochwirksame Methode des Erkenntnisgewinns, der Persönlichkeitsentwicklung und des Denkens, die von Professor Dr. Gendlin, Schüler und Nachfolger von Carl Rogers, entwickelt und professionalisiert wurde. Focusing ist nach meiner Erfahrung die schnellste, wohltuendste und wirkungsvollste Methode, aus dem Kopf in den Körper zu kommen, langsamer und lebendiger zu werden und tiefere ungenutzte Ressourcen in sich gezielt anzuzapfen.

Focusing ist eine besondere Art der Aufmerksamkeitslenkung auf den im Augenblick erlebten, von innen gespürten Körper in der Focusing-Haltung der inneren Achtsamkeit. Über das eigene Körpererleben kommen Sie in tieferen freundlichen Kontakt mit sich selbst und Ihrem inneren Kompass, dorthin, wo etwas in Ihrem Körper weiß, was Sie benötigen, was für Sie wirklich gut und stimmig ist und Sie voranbringt. Und das ist oft anders als der Verstand denkt. Unser Kopf will oft viel. Unser Körper zeigt uns, wann es genug ist und was stimmt.

Aufbau, Übersicht und Einsatzmöglichkeiten der Impulskarten

Die 60 Impulskarten sind übersichtlich in vier farblich unterschiedliche Kategorien eingeteilt. Auf der Vorderseite wird die jeweilige Übung oder das Experiment beschrieben – zum Teil anschaulich illustriert. Auf der Rückseite finden Sie Ziele, Anwendungsbereiche und Tipps.

25 Krafttankstellen: Diese Krafttankstellen beinhalten die Basis des Powerköfferchens und den ersten Schritt zum inneren Kompass (Impulskarte 3). Mit den leicht in den Alltag integrierbaren Krafttankstellen können Sie im vollen Arbeitsalltag tagtäglich mit wenig (Zeit-)Aufwand und vier Ladestationen für volle Energiespeicher sorgen. Sie können sich damit wach, gelassen und zentriert durch den Arbeitstag navigieren. Sie können herausfinden, wie Sie wirksam abschalten, zwischendurch, in der Pause und in Ihrer Freizeit effektiv auftanken und besser schlafen können. Sie stemmen den komplexen Arbeitsalltag leichter.

10 stärkende Tagesrituale: Die Tagesrituale unterstützen Sie, tagtäglich positiv und entspannt in den Tag und Ihre Arbeit zu starten und den Tag am Abend positiv und erfüllt ausklingen zu lassen. Mehrere Rituale am Arbeitsplatz helfen Ihnen, in einer guten Energie und in Ihrem Rhythmus stimmig zu arbeiten und gut auf sich aufzupassen, damit Sie sich nicht übernehmen. Sie unterstützen Sie, sich auf das Wesentliche, Positive und Voranbringende zu fokussieren und sogar das Telefon, den Toilettengang und Wartesituationen wie Stau, Ampel oder Wartezimmer für kleine Auftankinseln zu nutzen.

15 Stressumwandler: Die Stressumwandler zeigen die vier Schritte, wie Sie Stress, negative Gedanken und ungute Gefühle wie Ärger und Angst in wenig Zeit wirkungsvoll transformieren. FreiRaum schaffen ist der zweite Schritt zum inneren Kompass. Eine Vielzahl einfacher, praktischer

Übungen lädt Sie ein, zu erkunden und zu lernen, wie Sie mit FreiRaum-Techniken (Schlüssel 3) auf eine angenehme und leichte Art einen lebensbejahenden Abstand zu Belastendem schaffen und den Fokus auf das Positive, Stärkende und Voranbringende (Schlüssel 5) richten. So können Sie Probleme im Vollbesitz Ihrer Kräfte leicht, kreativ und rasch lösen.

10 Erkundungsexperimente: Die Erkundungsexperimente zeigen Ihnen, wie Sie mit Mini-Focusing (Schlüssel 6) selbst erstaunlich schnell herausfinden können, was für Sie in ganz konkreten Alltagssituationen jeweils wirklich stimmig, richtig und wichtig ist. Statt langwierig zu grübeln, können Sie lernen, auf Ihr Inneres zu hören. Mit Impulskarte 51 erfahren Sie, wie Sie in drei Schritten Zugang zu Ihrem inneren Kompass bekommen und stimmige Erkenntnis-, Handlungs- und Lösungsschritte aus Ihrem Körper kommen lassen.

Mit weiteren Erkundungsexperimenten können Sie für Sie stimmige Kraftinseln aufspüren und lernen, stimmige Entscheidungen in kurzer Zeit zu treffen. Sie können herausfinden, was Sie überfordert oder blockiert und was der nächste für Sie kleine Schritt ist, der Sie entlastet und voranbringt. Sie können zu Ihrem gesunden Rhythmus finden und eher Ihre Grenzen bemerken und setzen lernen.

Übersicht der Karten

Krafttankstellen

Sinne erleben

18: Mit den Sinnen genießen: Hören
19: Mit den Sinnen genießen: Tasten und Spüren
20: Mit den Sinnen genießen: Sehen
21: Wirksam abschalten (Ladestation 3)

Stärken erleben

22: Kontakt zu Ihren Stärken

Glücksmomente erleben

23: Glücksmomente sammeln

Wohlfühlen erleben

24: Wohlfühlort im Körper
25: Kraftspendenden Gegenpol zur Arbeit aufbauen (Ladestation 4)

Stärkende Tagesrituale

Am Morgen

26: Morgenritual im Bett: positiv in den Tag starten
27: Morgenritual vor dem Spiegel

Am Arbeitsplatz

28: Ankommen am Arbeitsplatz
29: Sich freundlich-erkundend begleiten
30: Arbeiten in einer guten Energie
31: Klangpause
32: Schulter klopfen

Rhythmisieren

33: Rhythmisieren des Tages und der Tätigkeiten

Wartesituationen nutzen

34: Telefon, Toilette, Ampel, Stau, Wartesituationen

Am Abend

35: Positiv gestimmt einschlafen

Stressumwandler

36: Vier Schritte zur Transformation
37: Stopp
38: FreiRaum schaffen – wirksam entlasten
39: Entlastungsatmung
40: Stress abschütteln
41: Belastendes lustvoll wegschieben
42: Probleme herausstellen
43: Lasten abgeben
44: Partialisieren
45: Allem erlauben, da zu sein
46: Beobachten statt bewerten
47: Zuwendung schenken
48: Fokus auf das, was voranbringt
49: Sich mental stärken
50: Schutzglocke

Erkundungsexperimente

51: Drei Schritte zum inneren Kompass
52: Kraftinseln im Alltag entdecken
53: Welche Tankstelle ist jetzt »richtig«?
54: Wie schalte ich jetzt ab?
55: Wie stimmt es?
56: Was bringt wirklich voran?
57: Was ist los?
58: Spielerisch ausprobieren, was und wie es stimmt
59: Den gesunden Rhythmus finden
60: Grenzen erspüren

Einsatzmöglichkeiten

Die Impulskarten lassen sich überallhin mitnehmen und sind vielfältig einsetzbar: die meisten am Arbeitsplatz und in der Mittagspause in wenigen Sekunden oder Minuten. Fast alle Übungen, Experimente und Rituale sind auch außerhalb der Arbeit einsetzbar – in der Freizeit, auf Reisen. Zahlreiche Übungen können Sie in Meetings, Teamsitzungen und fast alle in Seminaren, Coachings, Beratungen und Therapien durchführen und etliche mit Kindern in der Schule, in der Kita oder zu Hause.

Alle Übungen können Sie allein praktizieren, etwa die Hälfte auch im Kontakt mit anderen Menschen.

Wie Sie am besten vorgehen

Ob Sie die Impulskarten als vielfach engagierter oder geforderter Verantwortungsträger für sich selbst einsetzen möchten oder für Ihr Team beziehungsweise Ihr Klientel probieren Sie auf jeden Fall zunächst die Wirkung der Focusing-Power-Übungen selbst aus.

Mit Krafttankstellen und vier Ladestationen zentriert mehr in weniger Zeit erreichen: Starten Sie Ihre Entdeckungsreise und Ihr Powertraining zunächst mit den 25 Impulskarten zu den Krafttankstellen, die Sie durch vier Ladestationen am Tag führen. Nehmen Sie sich zuerst die erste Ladestation zu den Blitztankstellen (Impulskarten 02 bis

16) vor. Reservieren Sie sich für jede Ladestation mindestens eine Woche oder auch zwei Wochen Zeit. Experimentieren Sie jeden Tag mit einer anderen Blitztankstelle, um Ihr Repertoire zu erweitern und herauszufinden, wie Sie zwischendurch in drei bis 90 Sekunden herunterkommen, raus aus dem Kopfkino und in guten, lebendigen Kontakt zu sich treten. Probieren Sie aus, inwieweit Ihr Körper in Ruhe oder in Bewegung, Ihr Atem, Ihre Sinne und Ihre Stimme Sie dabei unterstützen und was bei Ihnen in welchen Situationen am besten wirkt. Je größer Ihr Repertoire an Instrumenten wird, desto eher erinnern Sie sich in unterschiedlichsten herausfordernden Situationen an etwas, das Ihnen dann hilft. Schauen Sie sich täglich die Übersicht an. Fragen Sie sich Richtung Körpermitte: Welche Blitztankstelle spricht mich jetzt an? Wonach ist mir? Spüren Sie in sich hinein und warten Sie auf Ihre innere Resonanz. Oder finden Sie mit der Impulskarte 53 heraus, was jetzt für Sie richtig ist.

Für zwei Blitztankstellen morgens und zwei nachmittags am Arbeitsplatz brauchen Sie nur gut fünf Minuten, die Sie rasch wieder einholen. Denn Sie arbeiten fokussierter und kommen eher ans Ziel.

Machen Sie es sich leichter, indem Sie sich mit der CD »Abschalten, entspannen und auftanken« bequem durch die vier Ladestationen und 20 Übungen und Experimente am Arbeitsplatz, im Auto und zu Hause anleiten lassen. Über die CD hinaus können Sie mit den Impulskarten 16, 22 und 23 experimentieren, wie Sie bewusst den Fokus auf das Positive, auf Ihre Stärken und Glücksmomente richten.

Mit Erkundungsexperimenten aufspüren, was stimmig ist: Mit der Impulskarte 52 können Sie neue Kraftinseln in sich, Ihrem Alltag und Ihrem Umfeld entdecken – in wenig Zeit und ganz ohne Hilfsmittel. Die Impulskarte 53 hilft Ihnen dabei herausbekommen, welche Krafttankstelle jeweils für Sie stimmig ist – am Arbeitsplatz, in der Pause oder außerhalb der Arbeit. Mit den Erkundungsexperimenten 54, 55 und 58 können Sie ausmachen und spielerisch erkunden, wie Sie abschalten und wie es jeweils für Sie stimmt. Mit den Impulskarten 59 und 60 können Sie Ihren, für Sie stimmigen Rhythmus finden und Ihre Grenzen eher bemerken und beachten, damit Sie sich nicht auspowern, wenn Sie sich zu viel vorgenommen haben.

Stärkende Tagesrituale: Wenn Sie Ihre erfolgreiche Auftank- und Abschaltstrategie gefunden haben, experimentieren Sie nach und nach mit den Ritualen. Probieren Sie aus, was am besten zu Ihnen und Ihrem Tagesablauf passt. So können Sie

- entspannt und positiv in den Tag starten,
- zentriert und in guter Energie arbeiten und zu einer gesunden rhythmisierenden Arbeitsweise finden,
- unnötigen Stress und Energieverluste vermeiden,
- den Tag positiv ausklingen lassen und gut schlafen.

Gezielt Stress, Ärger und Negatives transformieren: Sobald Sie Stress bemerken, stoppen Sie mit dem, was Sie tun (Impulskarte 37). Wenden Sie sich den vier Schritten zu, die Stress und negative Empfindungen transformieren

(Impulskarte 36). Experimentieren Sie nach und nach mit den FreiRaum-Techniken (Impulskarten 38 bis 47). Finden Sie heraus, wie Sie gezielt Stress reduzieren und Burnout vorbeugen, wie Sie negative Gedanken und Gefühle umwandeln lernen, den Fokus auf das Positive und das richten, was wirklich voranbringt (Impulskarte 48), sich mental stärken (Impulskarte 49) und sich vor negativen Zeitgenossen schützen (Impulskarte 50). Sie können mit dem Erkundungsexperiment (Impulskarte 57) herausfinden, was genau Sie blockiert und stresst und mit den Impulskarten 56 und 58, was Sie jetzt entlastet und wirklich voranbringt.

Erkundungsexperimente: Wann immer Ihnen etwas unklar ist, »befragen« Sie Ihren inneren Kompass mit Mini-Focusing (Schlüssel 6). Lesen Sie zunächst Impulskarte 51, die Aufschluss darüber gibt, mit welchen drei Schritten Sie Zugang zu Ihrem inneren Kompass bekommen und ungenutzte Ressourcen Ihres Körpers und Ihrer Intuition gezielt aktivieren. Die übrigen Impulskarten setzen Sie bitte intuitiv ein, wenn es passt.

Das Erkundungsexperiment 52 lädt ein, Kraftinseln in Ihnen, Ihrem Alltag und Ihrem Umfeld zu entdecken – zu allen Ladestationen. Damit können Sie an verschiedenen Tagen experimentieren. Wählen Sie zunächst anforderungsarme Tage, um mithilfe der Impulskarte 49 Ihren persönlich gesunden Rhythmus herauszufinden – ergänzend zum Tagesritual 33. Wenn Sie lernen möchten, Ihre Grenzen früher zu bemerken und zu beachten, experimentieren Sie mit der Impulskarte 60, die hilft, sich nicht zu viel aufzuladen.

Die Autorin:
Ulrike Pilz-Kusch, Dipl.-Pädagogin, zertifizierte Stress- und Focusing-Trainerin, Seminarleiterin des Deutschen Ausbildungsinstituts für Focusing, systemische Coach, Bewegungs-, Tanz- und Theaterpädagogin, Spezialistin für achtsame (Selbst)Führung mit 8 Focusing-Schlüsseln. Autorin des Buches »Burnout: Frühsignale erkennen – Kraft gewinnen« und der CDs »8 Schlüssel gegen Stress und Burnout« und »Abschalten, entspannen und auftanken«.
Homepage: www.kraftvoll-durchstarten.de
www.stark-statt-burnout.de

Die Illustratorin:
Martina Lauterjung, Dipl. Industrial Designerin, Coach, Entwicklerin der Emographie, Spezialistin für Visualisierungskompetenz, Inhaberin Lauterjung-Design in Solingen.
Homepage: www.lauterjung-design.de

Werderstraße 10 · 69469 Weinheim
www.beltz.de

Lektorat: Ingeborg Sachsenmeier
Herstellung: Michael Matl
Druck und Bindung: Pario Print, Kraków
Illustrationen: Martina Lauterjung
Umschlagabbildung: © stocksy.com/Branislav Jovanović
Umschlaggestaltung: Antje Birkholz
Printed in Poland

ISBN 978-3-407-36639-9

Krafttankstellen

Mit vier Ladestationen in Balance

Sorgen Sie aktiv für Ihre Balance zwischen Ihren beruflichen und privaten Belastungen sowie Ihrer Erholung. Mit den »vier Ladestationen« sorgen Sie im vollen Arbeitsalltag klug und effektiv für volle Batterien:

- Ladestation 1: **Stark und souverän mit Blitztankstellen**
- Ladestation 2: **Pausen bewusst erholsam gestalten**
- Ladestation 3: **Wirksam abschalten nach der Arbeit**
- Ladestation 4: **Kraftspendenden Gegenpol zur Arbeit aufbauen**

Experimentieren Sie nach und nach mit den in diesem Impulskartenset vorgestellten achtsamkeitsbasierten Focusing-Übungen und -Experimenten zu diesen **vier Ladestationen,** die Sie durch den ganzen Tag begleiten.

Ziele

Mit den auf der Vorderseite genannten vier Ladestationen übernehmen Sie die Regie. Sie sorgen aktiv für Ihre Balance zwischen Beanspruchung und Regeneration. Sie stemmen Ihren komplexen Arbeitsalltag leichter. Sie arbeiten tagsüber produktiv und zentriert und haben abends noch Kraft für Freizeitaktivitäten. Sie gewinnen Power, Leistungsstärke und Zeit. Sie stärken klug und effektiv Ihre Gesundheit und Ihre Erholungsfähigkeit und verhindern Burnout. Und Sie bringen Leichtigkeit, Lebendigkeit und Lebensfreude in Ihr Leben und das von anderen.

Anwendungsbereiche

Die Übungen und Experimente der Ladestationen können tagtäglich – während und außerhalb der Arbeit sowie auf Reisen – durchgeführt werden.

Bitte beachten

Mit der wohlwollend annehmenden, achtsamen und offen erkundenden Focusing-Haltung können Sie herausfinden, wann Sie eine Pause benötigen, welche Tankstellen bei Ihnen wirken und was genau in verschiedenen Situationen für Sie stimmig ist. Spüren Sie in den unterschiedlichsten Situationen in sich hinein. Mit der Zeit werden Sie darin geübter und erkennen schneller, was Ihnen am besten hilft. Die Impulskarte 53 kann Sie dabei zusätzlich unterstützen.

Ulrike Pilz-Kusch: **60 Impulskarten Kraftvoll durch den Tag**
Illustrationen: Martina Lauterjung
 · ISBN 978-3-407-36639-9

Stark und souverän mit Blitztankstellen

Arbeiten unter Strom kostet enorm viel Kraft und kann auf Dauer krank machen. **Unterbrechen Sie ganz bewusst jede Stunde für einen Moment Ihre Arbeit.** Studien zufolge sinkt die Energie nach 60 Minuten und regelmäßige kurze Pausen sind viel effektiver. Ernest Hemingway empfiehlt, dann aufzuhören, wenn man weiß, wie es weitergeht.

Halten Sie inne, wenn es fließt. Sie werden staunen, wie viel mehr Energie, Arbeitsfreude und Lebensqualität Sie gewinnen werden. Fahren Sie Ihren Stresspegel gezielt nach unten. Lösen Sie körperliche Anspannungen und gönnen Sie Ihrem Gehirn und Gemüt eine **Mini-Erholungspause** durch eine der **3–90-Sekunden-Varianten der Blitztankstellen.** Oder nehmen Sie einen **rhythmisierenden Belastungswechsel** vor (s. bei den Tagesritualen Impulskarte 33 »Rhythmisieren des Tages und der Tätigkeiten«). Danach können Sie sich erfrischt auf das wirklich Wesentliche konzentrieren und holen leicht die vermeintlich »verlorene« Zeit wieder auf.

Ziele
Mit über den Tag verteilten regelmäßigen Blitztankstellen und einem rhythmisierenden Aktivitätswechsel ersparen Sie sich unnötige Energieverluste, meistern die gestiegenen Anforderungen leichter und bleiben bei Kräften. Sie behalten das Steuer in der Hand und werden leistungsstärker, ruhiger und stabiler. Sie fühlen sich weniger gehetzt und fremdbestimmt. Sie werden zufriedener.
Sie sind abends noch fit für Freizeitaktivitäten und beugen Schlafschwierigkeiten und Stressfolgeerkrankungen vor. Mit den Blitztankstellen können Sie herausfinden, wie Sie abschalten können. Sie werden achtsamer mit sich und nehmen eher Ihre Grenzen und Ihre inneren Wegweiser wahr. Sie trainieren Ihre Gelassenheit, arbeiten zentrierter und erzielen bessere Ergebnisse in weniger Zeit.

Anwendungsbereiche
Tagtäglich während und außerhalb der Arbeit.

Bitte beachten
Mit der wohlwollend-annehmenden, achtsamen und offen erkundenden Focusing-Haltung können Sie nach und nach herausfinden, welche Blitztankstelle bei Ihnen am besten wirkt und was genau in verschiedenen Situationen für Sie stimmig ist. Beginnen Sie beispielsweise mit Impulskarte 04, probieren dann Impulskarten zu den Atemtechniken (05 bis 07) aus und versuchen sich an Impulskarte 03, die zentrale Focusing-Blitztankstelle.

Ulrike Pilz-Kusch: **60 Impulskarten Kraftvoll durch den Tag**
Illustrationen: Martina Lauterjung
 · ISBN 978-3-407-36639-9

Krafttankstellen

Focusingorientiert innehalten

Kehren Sie zwischendurch immer wieder mit Ihrer vollen **wohlwollend-freundlichen Aufmerksamkeit** zu Ihrem **Körper** zurück. So kommen Sie in einen guten, lebendigen und tieferen Kontakt zu sich. Sie spüren eher Ihre Grenzen und was es in jeder Situation für Sie genau braucht. Spüren Sie ganz bewusst die Kontaktflächen Ihres Körpers mit etwas anderem, beispielsweise die **Berührung Ihrer Fußsohlen** mit dem Boden. Spüren Sie, wo das **Gewicht Ihres Körpers auf der Unterlage** ankommt.

Nehmen Sie in Ruhe Ihren **Atem** wahr, wie Sie ein- und ausatmen. Über das **Spüren** des Atems können Sie Kontakt zu sich aufnehmen. Spüren Sie wohlwollend und neugierig, ganz unvoreingenommen in sich hinein, *wie* es sich gerade in Ihnen anfühlt. Sie können ein Erkundungsexperiment anfügen, um zu erfahren, was *jetzt* stimmig ist.

Ziele
Durch das bewusste Spüren Ihres Körpers und Ihres Atems nehmen Sie Kontakt zu sich auf. Dies ist die **wichtigste tägliche Übung**, um in einen lebendigen und tieferen Kontakt zu sich und Ihrem inneren Kompass zu gelangen und die hochintelligenten Wegweiser Ihres Inneren sowie Ihre Grenzen zu bemerken. Dann sind Sie präsent und ganz da. Je mehr Sie sich darin üben, entwickeln Sie ein feineres Gespür dafür, was Ihnen wirklich guttut und was nicht. Kehren Sie deshalb tagtäglich zwischendurch immer wieder mit Ihrer vollen freundlichen Aufmerksamkeit zu Ihrem Körper zurück. Das focusing-orientierte Innehalten ist der erste Schritt zu Ihrem inneren Kompass.

Anwendungsbereiche
Täglich während und außerhalb der Arbeit, vorbeugend beispielsweise jede Stunde beziehungsweise nach jeder Aktivität, bevor Sie die nächste Aufgabe beginnen. Ganz wichtig an allen Übergängen: Arbeit – Feierabend, Arbeit – Wochenende, Arbeit – Urlaub, Fortbildung – Zu-Hause-Ankommen sowie nach einer Begegnung. Wenn die Energie nach etwa einer Stunde sinkt, Sie sich gestresst fühlen oder irgendetwas nicht mehr stimmt und rundläuft, dann ist es Zeit für das Innehalten.

Bitte beachten
Um Zugang zum inneren Kompass zu bekommen und herauszufinden, was Sie unterstützt, ist es wichtig, dem eigenen inneren Erleben unvoreingenommen in der wohlwollend-annehmenden, achtsamen und offen erkundenden Focusing-Haltung Gesellschaft zu leisten.

Ulrike Pilz-Kusch: **60 Impulskarten Kraftvoll durch den Tag**
Illustrationen: Martina Lauterjung
 · ISBN 978-3-407-36639-9

Krafttankstellen

Sich freundlich Zuwendung schenken

Gönnen Sie sich zwischendurch während Ihrer Arbeit eine **Mini-Erholungspause für Körper, Geist und Gemüt.**

Schließen Sie für einen Augenblick **Ihre Augen** und **lehnen Sie sich zurück.** Sie können sich selbst freundlich Zuwendung schenken und sich selbst zulächeln. Sie können sich erlauben, Sekunden einfach nichts zu tun. Sie können sich ein paar tiefe Atemzüge gönnen.
Oder Sie lassen die Augen offen und **schauen aus dem Fenster** in die Ferne. Oder Sie machen ein **paar Schritte vor die Tür,** um sich an etwas Schönem in der Natur, einem Baum, dem Himmel oder einer blühenden Pflanze zu erfreuen.

Ziele

Sie gewinnen mit diesem »Sich-freundlich-Zuwendung-Schenken« nicht nur eine Mini-Erholungspause, sondern ein kleines Stück zusätzliche Lebensqualität. Und Sie schulen Ihre Selbstwahrnehmungs- und Selbststeuerungskompetenz.

Wenn Sie sich einen Moment bewusst auf etwas anderes als die Arbeit konzentrieren, können Sie aus dem Kopf und Ihren Projekten aussteigen. Sie können sich wieder zentrieren und mit neuer Frische ans Werk gehen. Je öfter Sie dies üben, desto schneller und leichter gelingt es Ihnen.

Anwendungsbereiche

Diese Mini-Erholungspause eignet sich gut, um während der Arbeit Kraft zu tanken. Wenn Ihre Energie nach etwa einer Stunde sinkt, Sie sich gestresst fühlen oder irgendetwas Sie unwohl fühlen lässt, weil Sie merken, dass Sie nicht mehr so gut vorankommen, dann ist es höchste Zeit, dass Sie sich freundlich Zuwendung schenken.

Diese Übung können Sie auch gut in Ihr Coaching, Ihre Seminare oder auch in der Schule einbauen. Ihre Klienten, Seminarteilnehmer oder Schulklassen werden es Ihnen danken.

Bitte beachten

Achten Sie darauf, dass Sie locker bleiben. Setzen Sie sich nicht unter Druck. Wenn Ihre Gedanken abschweifen, dann kehren Sie immer wieder zu sich zurück und schenken Sie sich ganz freundlich Zuwendung.

Ulrike Pilz-Kusch: **60 Impulskarten Kraftvoll durch den Tag**
Illustrationen: Martina Lauterjung
 · ISBN 978-3-407-36639-9

Atme und lächle

Kehren Sie tagsüber zwischendurch immer wieder einen kleinen Moment mit Ihrer freundlichen Aufmerksamkeit zu Ihrem Körper zurück. Spüren Sie bewusst, wie es ganz von selbst ein- und ausatmet. Verfolgen Sie aufmerksam den ganzen Weg Ihres Ein- und Ausatemzugs und lächeln Sie sich zu. Sie können sich sagen: **»Einatmend bin ich mir bewusst, dass ich lebendig bin. Ausatmend lächle ich mir zu.«**

Schenken Sie sich selbst dieses Lächeln und dieses liebevolle Angenommensein, das Sie sich vielleicht von anderen wünschen. Stärken Sie sich so selbst. Tanken Sie mit diesem Lächeln auf.

Ziele

Über das bewusste Spüren Ihres Atems können Sie aus dem Kopf und wieder in Kontakt kommen mit sich selbst. Das bewusste Wahrnehmen des Atems beruhigt und entspannt meist. Indem Sie sich bewusst machen, dass Sie lebendig sind, richten Sie den Fokus auf das Positive, das Sie stärken und Ihre Stimmung heben kann. Lächeln reduziert für ein paar Sekunden überhöhten Blutdruck, senkt den Stresspegel und löst negative Spannungen. Es stärkt das Immunsystem und steigert das Wohlbefinden. Und es soll Studien zufolge das Belohnungszentrum im Gehirn intensiver aktivieren als Schokolade. Und Lächeln steckt an.

Anwendungsbereiche

Während und außerhalb der Arbeit, wo immer Sie sind, mit sich allein und mit anderen in Seminaren, in Coachings und im Unterricht als Kraftquelle zwischendurch oder wenn Ihre Energie oder Laune sinkt und Sie oder Ihr Klientel nicht gut drauf sind.

Bitte beachten

Setzen Sie die Atempausen und das Lächeln bewusst ein. Ihre Klienten, Seminarteilnehmer und auch Schülerinnen und Schüler lassen sich anstecken. Einen Ablaufplan für das Lächeltraining finden Sie beispielsweise im Buch von Cornelia Schinzilarz und Charlotte Friedli »Humor in Coaching, Beratung und Training« (2013) auf Seite 31.

Ulrike Pilz-Kusch: **60 Impulskarten Kraftvoll durch den Tag**
Illustrationen: Martina Lauterjung

Gelassenheitsatmung

Atmen Sie durch die Nase unangestrengt ein und durch den leicht geöffneten Mund wieder aus. Atmen Sie so lange aus, wie es möglich ist. Warten Sie in Ruhe ab, bis der Einatem von allein wiederkommt. Atmen Sie durch die Nase unangestrengt ein und lassen Sie sich **locker in die Ausatmung hineinfallen.** Atmen Sie so möglichst lange leicht und locker aus. Warten Sie ab, bis der Einatmen von ganz allein wiederkommt.

Fahren Sie damit so lange fort, bis sich Ihre Ausatmung unangestrengt verlängert hat und Sie eine kleine **Pause des Nichtatmens** nach dem Ausatmen bemerken.
In dieser Mini-Pause erholt sich Ihr vegetatives Nervensystem, das im Burnout »austickt«. Wenn Sie üben, Ihre Ausatmung gezielt zu verlängern, sodass Ihr Atem sich verlangsamt und vertieft, haben Sie eine wunderbare Kraftquelle in der Hand.
Sie können zusätzlich Ihren unruhigen Geist beschäftigen und sich sagen: **»Ich atme ein, ich atme aus.«**

Ziele
Wenn Sie gestresst, unruhig oder aufgeregt sind, können Sie jederzeit über die verlängerte Ausatmung Ihren Körper, Ihren Geist und die Gefühle beruhigen – auch im Kontakt mit Menschen. Das fördert die Sauerstoffversorgung und entspannt die Muskulatur. Wenn Sie sich nur auf wenige Atemzüge bewusst besinnen, können Sie aus dem Kopf und Ihren Projekten aussteigen. Sie können sich wieder zentrieren und mit neuer Frische ans Werk gehen. Je öfter Sie dies üben, desto schneller und leichter gelingt es Ihnen.

Anwendungsbereiche
Als Blitztankstelle während und außerhalb der Arbeit, in der Pause, im Seminar, in Meetings, unterwegs, allein oder im Kontakt mit Menschen.

Bitte beachten
Atmen Sie möglichst natürlich und verlängern Sie nach und nach die Ausatmung, ohne sich dabei anzustrengen – weder bei der Ein- noch bei der Ausatmung. Es ist ganz natürlich, dass die Phase der Einatmung kürzer ist als die Phase der Ausatmung.
Mit der CD »8 Schlüssel gegen Stress und Burnout« (Pilz-Kusch 2014) können Sie sich und andere im Auto, am Arbeitsplatz, auf Reisen und zu Hause anleiten lassen (Track 8).

Ulrike Pilz-Kusch: **60 Impulskarten Kraftvoll durch den Tag**
Illustrationen: Martina Lauterjung

Stärkungsatmung

Finden Sie einen Platz, an dem Sie sich wohlfühlen. Erlauben Sie Ihrem Körper eine **gemütliche, entspannte Körperhaltung** zu finden. Wenden Sie dann Ihre ganze wohlwollende Aufmerksamkeit Ihrem Atem zu. Begleiten Sie mit Ihrer Achtsamkeit den ganzen Weg des Ein- und Ausatemstroms. Lassen Sie Ihren Atem entspannt und frei fließen. Warten Sie, bis die Einatmung von allein wiederkommt. Dann beschäftigen Sie ganz bewusst Ihren Verstand und sagen sich bei der Einatmung: **»Einatmend nehme ich frische positive Lebensenergie, Vertrauen, Zuversicht** (oder was immer Sie brauchen) **in mich auf. Ausatmend lasse ich Anspannung, Kraftlosigkeit, Negatives … aus meinem Körper weichen.«**

Üben Sie, mit der Einatmung Positives, Stärkendes in sich aufzunehmen, mit der Ausatmung schlechte Laune, Negativität, Ängste, Ärger oder Unsicherheit abzugeben. Wählen Sie Worte, die für Sie passend sind und die Sie brauchen, um sich positiv aufzuladen, und lassen Sie bei der Ausatmung all das aus Ihrem Körper weichen, was Sie daran hindert, sich gut zu fühlen.

Ziel

Im Stress ist der Fokus meist auf das Negative gerichtet. Wenn Sie nicht gut drauf sind, können Sie sich mit der Stärkungsatmung gezielt aufladen mit positiver, Ihr Selbstvertrauen stärkender Energie.

Anwendungsbereiche

Während und außerhalb der Arbeit, in allen Situationen Ihres Lebens, in denen Ihre Stimmung eher negativ ist.

Variante

Sie können die Stärkungsatmung mit stärkenden Mutmachsätzen kombinieren, um sich rascher in einen guten energetischen Zustand zu versetzen. Beispielsweise können Sie sich sagen: »Es wird alles gut.«, »Du schaffst das.« Oder schauen Sie auf die Impulskarte 49 »Sich mental stärken« und suchen sich einen Satz, der für Sie passt.

Bitte beachten

Die von Ulrike Pilz-Kusch angeleitete »Stärkungsatmung« finden Sie auch als Audio-Download zur CD »Abschalten, entspannen und auftanken. Achtsam und stark durch den Tag mit einfachen Focusing-Übungen« (2016) auf www.beltz.de.

Ulrike Pilz-Kusch: **60 Impulskarten Kraftvoll durch den Tag**
Illustrationen: Martina Lauterjung
 · ISBN 978-3-407-36639-9

Focusingorientiertes Nichtstun

Wenn Ihre Energie sinkt und Sie sich nicht mehr konzentrieren können, reicht es manchmal, sich ein paar Sekunden **achtsames Nichtstun** zu gönnen. Vielleicht möchten Sie sich einfach in Ihrem Bürostuhl zurücklehnen, die Lasten des Körpers und vielleicht auch die Arbeitslasten abgeben und sich erlauben, die Augen einen Moment zu schließen und Ihren Kopf abzulegen.

Schenken Sie zunächst Ihrem Körper Ihre volle freundliche Aufmerksamkeit: Spüren Sie Ihre Füße am Boden und Ihren Körper auf der Unterlage. Erlauben ihm, sich wie von selbst zu bewegen und es sich gemütlich zu machen, sich zu strecken, zu dehnen, was immer sich gut anfühlt. Lassen Sie Ihren Atem fließen.

Dann wenden Sie sich **wohlwollend und unvoreingenommen neugierig Ihrem inneren Erleben** zu. Seien Sie wach und entspannt mit dem, was sich bemerkbar macht. Lassen Sie sich überraschen, was auftaucht. Alles darf sein. Vielleicht kann Ihr reizüberflutetes Gehirn so zur Ruhe kommen und Sie können das Nichtstun und die Stille genießen.

Alternativ können Sie sich einen **Blick aus dem Fenster** gönnen beziehungsweise einfach nur **»dumm aus der Wäsche schauen«.**

Ziele
Die Konzentration wieder herstellen. Energie tanken. Es reichen durchaus drei bis 90 Sekunden, um dem Gehirn und dem gesamten Organismus eine kleine Erholungspause zu gönnen. Dann können Sie sich anschließend erfrischt auf das wirklich Wichtige konzentrieren.

Anwendungsbereiche
Während und außerhalb der Arbeit, nach 60 oder 90 Minuten intensiver Tätigkeit, wenn Ihre Energie sinkt und Ihr Körper, Ihr Gehirn und Ihr Gemüt eine kleine Erholungspause benötigen. Sie können auch am Wochenende, im Urlaub oder auf Reisen focusingorientiertes Nichtstun einsetzen, wenn Ihnen danach ist.

Bitte beachten
Üben Sie das focusingorientierte Nichtstun so lange aus, wie es Ihre Zeit erlaubt und es sich für Sie gut anfühlt.
Sie tanken umso besser auf, wenn Sie das Nichtstun genießen, sich wohlfühlen und Ihre inneren Rhythmen beachten.
Sie können sich zu dieser Übung anleiten lassen mit der CD »Abschalten, entspannen und auftanken. Achtsam und stark durch den Tag mit einfachen Focusing-Übungen« (Pilz-Kusch 2016, Track 10).

Ulrike Pilz-Kusch: **60 Impulskarten Kraftvoll durch den Tag**
Illustrationen: Martina Lauterjung

Balancependeln

Stellen Sie sich **hüftbreit** hin, in den Knien beweglich. Die Füße stehen parallel und fest während der Übung auf dem Boden.

Verlagern Sie jetzt Ihr **Gewicht auf das linke Bein,** während das rechte Bein fest auf dem Boden stehenbleibt. Atmen Sie ein und **verlagern Sie während des ganzen Atemzugs langsam Ihr Gewicht auf das rechte Bein** und verharren dort einen Moment, bis Sie ganz ausgeatmet haben.

Der linke Fuß behält vollen Bodenkontakt. Warten Sie, bis der Einatem von allein wiederkommt. Sobald Ihr Einatem kommt, verlagern Sie Ihr Gewicht entsprechend dem Atemrhythmus auf das andere Bein. Atmen Sie dort so lange aus, wie es geht, und warten Sie wieder, bis die nächste Einatmung von allein kommt. **Folgen Sie in Ihrem Tempo Ihrem Atemrhythmus** und pendeln Sie wieder mit Ihrem Gewicht langsam auf das andere Bein. Machen Sie das so lange, bis Ihr Atem und Sie völlig ruhig geworden sind. Lassen Sie die Bewegung langsam ausklingen. Spüren Sie mit geschlossenen Augen in sich hinein, was Sie jetzt in sich an Veränderungen bemerken.

Ziele
Diese Übung ist besonders wirksam, wenn Ihre Gedanken stark kreisen oder Sie aufgewühlt sind. Damit beruhigen und stabilisieren Sie sich vor und in schwierigen Situationen, wenn Sie etwas aus dem Gleis wirft. Mit dem Balancependeln können Sie den Boden unter Ihren Füßen und Ihr Gleichgewicht wiederfinden.

Anwendungsbereiche
Als Blitztankstelle oder Stressumwandler während der Arbeit, in der Pause, zum Abschalten nach der Arbeit, in der Freizeit.
Das Balancependeln lässt sich auch mit Kindern, Teilnehmenden, Schülern und Klienten durchführen.

Bitte beachten
Ganz wichtig: Konzentrieren Sie sich voll auf Ihren Atem und die Bewegung. Die Bewegung folgt dem Atem und nicht umgekehrt!
90 Sekunden reichen meist völlig aus.
Sie können sich zu dieser Übung auch anleiten lassen mit der CD »Abschalten, entspannen und auftanken. Achtsam und stark durch den Tag mit einfachen Focusing-Übungen« (Pilz-Kusch 2016, Track 11).

Ulrike Pilz-Kusch: **60 Impulskarten Kraftvoll durch den Tag**
Illustrationen: Martina Lauterjung

Krafttankstellen

Vitalisierungsspritze

Stellen Sie sich hüftbreit locker aufrecht hin. Bleiben Sie leicht beweglich in den Knien, um die Wirbelsäule zu schonen. Die Arme hängen locker neben dem Körper. Jetzt beginnen Sie sanft und unangestrengt aus den Knien heraus locker und leicht Ihre Knie parallel auf und ab zu bewegen.

Lassen Sie sich in Ihren eigenen, **sanften »Schüttelrhythmus«** hineinfallen. Lassen Sie Ihren Kiefer, Ihren Kopf und Ihre Schultern locker und Ihren Atem frei fließen. Lenken Sie Ihre ganze Aufmerksamkeit zu Ihren Knien und den kleinen Vibrationen, die von da aus durch den ganzen Körper gehen. Wenn Sie ganz lockerlassen, können die **Vibrationen** bis zu Ihrem Kopf wandern und auch ihn und Ihre gesamte Muskulatur durchlockern. Experimentieren Sie mit kleineren und größeren, sanften und stärkeren Bewegungen, die sich für Sie stimmig und gut anfühlen.

Ziele
Energie tanken, Aufgestautes loslassen. Diese Übung eignet sich gut nach einem anstrengenden Vormittag, einem Meeting oder nach dem Mittagessen, wenn Sie wieder Energie schöpfen wollen. Sie hilft sowohl dann, wenn Sie sich müde, erschöpft und antriebslos fühlen als auch dann, wenn Sie aufgedreht sind, unter Strom stehen oder an etwas festhalten und von allem Aufgestauten freiwerden möchten.

Anwendungsbereiche
Als Blitztankstelle während der Arbeit, in der Pause, zum Abschalten nach der Arbeit, in der Freizeit bei Müdigkeit und Stress. Diese Übung lässt sich ebenfalls gut mit Kindern, Teilnehmenden, Schülern und Klienten durchführen.

Bitte beachten
Sie können die Wirkung der Übung verstärken, indem Sie Töne aus Ihrem leicht geöffnetem Mund entweichen lassen und indem Sie sich vorstellen, was Sie aus Ihrem Körper schütteln: Müdigkeit, Anstrengung, Probleme, Blockaden. Oder Sie können sich vorstellen, dass Sie die Energie in Ihrem Körper wieder gezielt zum Fließen bringen.
Mit der CD »8 Schlüssel gegen Stress und Burnout« (Pilz-Kusch 2014) können Sie sich und andere bequem am Arbeitsplatz, auf Reisen, im Seminar und zu Hause anleiten lassen (Track 10).

Ulrike Pilz-Kusch: **60 Impulskarten Kraftvoll durch den Tag**
Illustrationen: Martina Lauterjung
 · ISBN 978-3-407-36639-9

Krafttankstellen

Entschleunigtes, achtsames Gehen

»Wenn Sie es eilig haben, gehen Sie langsam.« *Prof. Dr. Seiwert*

Wenn Sie bemerken, dass Sie hetzen, schalten Sie einen Gang runter. **Verlangsamen Sie Ihre Schritte.** Wandern Sie mit Ihrer vollen Aufmerksamkeit in Ihre Fußsohlen und spüren Sie ganz bewusst die Berührung mit dem Boden. Lassen Sie Ihre Arme seitlich locker hängen. Machen Sie langsame kleine und zugleich feste Schritte. Bleiben Sie mit Ihrer ganzen Aufmerksamkeit bei den Berührungspunkten ihres Fußes bei jedem einzelnen Schritt.

Gehen Sie möglichst natürlich und entspannt. Begleiten Sie mit Ihrer ganzen Achtsamkeit den gesamten Weg des Abrollens des einen und dann des anderen Fußes. Lassen Sie ihren Atem frei fließen. Richten Sie Ihre volle Aufmerksamkeit auf das Abrollen eines jeden Fußes. Nehmen Sie die Gewichtsverlagerung des einen auf den anderen Fuß ganz bewusst wahr, so als wüssten Sie nicht, wie Sie gehen. Spüren Sie Ihren Körper und vor allem Ihre Füße beim Gehen. Das Geheimnis besteht darin, mit der vollen Aufmerksamkeit in den Füßen zu sein und die Berührung der Fußsohlen mit dem Boden bei jedem einzelnen Schritt zu spüren, so als ob Ihre Füße den Boden küssen würden.

Ziele

Entschleunigung und Entspannung erzielen. Durch das achtsame Gehen können Sie aus Ihrem Kopf in den Körper gelangen. Wenn Sie merken, dass Sie hetzen, unruhig sind, ein herausfordernde Situation bevorsteht oder Sie eine Pause benötigen, können Sie durch das bewusste, achtsame Gehen den Kopf freibekommen, ruhiger werden, Abstand gewinnen und die Energie im Körper wieder zum Fließen bringen. Sie sparen so unnötige Energieverluste und regenerieren für weitere Aufgaben. Sie fühlen sich weniger gehetzt und fremdbestimmt und werden zufriedener. Anschließend können Sie sich besser konzentrieren. Entschleunigt arbeiten Sie unangestrengt und effizient.

Anwendungsbereiche

Als Blitztankstelle lässt sich das entschleunigte, achtsame Gehen kurz während der Arbeit und in Pausen nutzen. Zum Abschalten nach der Arbeit können Sie eine längere Zeit lang üben. In der Freizeit bei Müdigkeit und Stress, auch mit Kindern, Teilnehmenden, Schülern und Klienten lässt sich dieses Gehen gut anwenden.

Bitte beachten

Wenden Sie Ihre volle freundliche Aufmerksamkeit auf jeden einzelnen Schritt, auf das Berühren der Fußsohlen mit dem Boden. Wenn die Gedanken abschweifen, nicht verurteilen, sondern zum Spüren der Fußsohle mit dem Boden bei jedem einzelnen Schritt zurückkehren. Hierzu können Sie sich auch anleiten lassen mit der CD »Abschalten, entspannen und auftanken« (Pilz-Kusch 2016, Track 14).

Ulrike Pilz-Kusch: **60 Impulskarten Kraftvoll durch den Tag**
Illustrationen: Martina Lauterjung
 · ISBN 978-3-407-36639-9

Natur erleben

Die **Natur ist eine große Kraftquelle** für Körper, Geist und Gemüt. Erleben Sie ganz bewusst die Stärke und ruhige Ausstrahlung eines Baums, die Schönheit des Himmels, einer blühenden Pflanze oder das frische Grün einer Wiese. Weite Landschaften lassen unsere Sinne zur Ruhe kommen. Tanken Sie täglich ganz bewusst **frische Luft** – am geöffneten Fenster. Erlauben Sie sich, während Ihres Arbeitstags, unterwegs sowie in Ihrer freien Zeit zwischendurch **bewusst Kontakt mit der Natur** aufzunehmen: Schauen Sie durch das Fenster nach draußen auf einen Baum oder in den Himmel, öffnen Sie das Fenster und atmen Sie ganz bewusst die frische Luft ein. Oder gehen Sie ein paar Schritte vor die Tür oder suchen Sie einen naturnahen Ort in Ihrer Umgebung auf: einen Park, einen Spielplatz unter Bäumen, eine Baumallee, einen Teich oder Bach. Halten Sie dort inne. **Nehmen Sie mit allen Sinnen ganz bewusst das Schöne in der Natur wahr:** Schließen Sie die Augen und hören Sie dem **Vogelgezwitscher** oder dem **Plätschern** eines Baches zu. Spüren Sie ganz bewusst die frische Luft auf Ihrer Haut, lassen Sie sich von der Sonne wärmen oder Ihre Haut vom Windhauch streicheln. Oder nehmen Sie die Kraft und Schönheit eines Baums oder blühenden Strauchs in sich auf.
Tanken Sie zwischendurch auf, indem Sie sich ganz bewusst an blühenden Pflanzen an Ihrem Arbeitsplatz oder in Ihrem Zuhause erfreuen.

Ziele
Wo immer Sie sind, tanken Sie, so oft es geht, mit allen Sinnen frische Luft, die Kraft und Schönheit in der Natur, um runterzukommen, in Ihre Balance zu gelangen, zu entschleunigen, ruhiger zu werden und Ihre Stimmung zu heben – auf dem Weg zur Arbeit und zurück, als Blitztankstelle während des Arbeitstags, in der Pause, am Feierabend, am Wochenende, im Urlaub und auf Reisen.

Anwendungsbereiche
Während und außerhalb der Arbeit, auf dem Weg zur Arbeit und zurück, wo immer Sie sind, als Kraftquelle zwischendurch oder wenn Ihre Energie oder Laune sinkt, Sie sich gestresst fühlen oder irgendetwas nicht mehr stimmt und rundläuft.

Bitte beachten
Wann immer Sie in der freien Natur sind, können Sie Ihre Umgebung ganz intensiv beobachten. Sie können sich anschließend in Erinnerung rufen, was Sie genau wahrgenommen haben, und dieses Schöne als Anker nutzen, um in stressigen Situationen auszusteigen. Achten Sie auch darauf, ob und wie sich Ihre Haltung und Ihre Mimik verändern und Sie lockerer und entspannter werden.

Ulrike Pilz-Kusch: **60 Impulskarten Kraftvoll durch den Tag**
Illustrationen: Martina Lauterjung

Gähnen

Gähnen beruhigt und heitert auf. Es entspannt Ihren Rachen, den Gaumen, den oberen Nacken und die Hirnbasis. Sie kommen leichter runter und aus dem Kopf. Die Serotoninproduktion wird gesteigert.

Atmen Sie tief ein. Öffnen Sie weit den Mund und machen Sie herzhaft und genussvoll Gähngeräusche.

Ziele

Entspannen, beruhigen, Sauerstoff tanken. Gähnen ist eine einfache Entspannungsübung, mit der Sie sich Gutes tun. Sie entspannt Ihren Rachen, Gaumen, den oberen Nacken und Ihre Hirnbasis. Auf diese Weise können Sie mit einem wirkungsvollen, schnell einzusetzenden Mittel Ihren Stresspegel herunterfahren und aus Ihrem Kopfkino aussteigen.
Diese Übung beruhigt und entspannt wunderbar, gerade dann, wenn Sie unruhig sind. Und sie heitert auf, wenn Sie schlecht drauf sind.
Ihr Organismus wird mit Sauerstoff aufgetankt.

Anwendungsbereiche

Zwischendurch während der Arbeit, in der Pause, zum Abschalten nach der Arbeit, in der Freizeit. Das Gähnen erleichtert das Einschlafen, wenn Sie einfach nicht die Ruhe finden, um einzuschlafen.

Bitte beachten

Wenn Sie beispielsweise in einem Meeting sitzen oder einen Vortrag halten, kann es sein, dass Teilnehmer gähnen. Das bedeutet keineswegs, dass sie sich langweilen. Entweder ist Sauerstoffmangel der Auslöser oder die Teilnehmenden entspannen sich.
Im ersten Fall sorgen Sie für frische Luft oder ein klein bisschen Bewegung zwischendurch.

Ulrike Pilz-Kusch: **60 Impulskarten Kraftvoll durch den Tag**
Illustrationen: Martina Lauterjung

Seufzen

Atmen Sie tief ein. Dann lassen Sie die **gesamte Luft auf einmal mit einem leichten Stoß des Zwerchfells wieder herausströmen.** Gleichzeitig machen Sie **ein seufzendes Geräusch:** »Ahhh«.

Wenn Sie allein sind, können Sie das Seufzen dreimal nacheinander wiederholen, um eine größere Wirkung zu erzielen. Die erhöhte Kapazität des Atmens macht Sie **vitaler, kraftvoller und empfänglicher.** Außerdem **beruhigt** die verlängerte Ausatmung Ihr vegetatives Nervensystem. Stellen Sie sich gleichzeitig beim Seufzen vor, was Sie Belastendes ausatmen. Das kann Sie zusätzlich **erleichtern.**

Ziele

»Alles, was die Kapazität des Atmens erhöht, ist gut, denn wenn wir mehr atmen, sind wir vitaler, empfänglicher und kraftvoller«, das stellt auch Julie Henderson in ihrem Buch »Embodying Well-Being oder wie man sich trotz allem wohlfühlen kann« 2001, S. 35) fest. Diese Übung macht mobiler und sorgt für einen angemessenen Energiefluss und eine gute Energieverteilung. Sie fühlen sich weniger träge.

Anwendungsbereiche

Als Blitztankstelle während der Arbeit, bei Stress und negativen Empfindungen, in der Pause, zum Abschalten nach der Arbeit, in der Freizeit, auch mit Kindern, Teilnehmenden, Schülern und Klienten durchführbar.

Bitte beachten

Nutzen Sie das Seufzen ganz bewusst als eine Möglichkeit, sich zu entlasten und einen Moment Abstand zu Belastendem herzustellen. Suchen Sie sich einen geeigneten Ort, um andere nicht zu stören oder zu verunsichern.

Ulrike Pilz-Kusch: **60 Impulskarten Kraftvoll durch den Tag**
Illustrationen: Martina Lauterjung

Summen und singen

Sie können in jeder Position summen, am einfachsten ist es im Liegen. Machen Sie es sich so bequem und entspannt wie möglich. **Beginnen Sie mit Ihrer Stimme unangestrengt zu tönen: »Hhmmmmmm.«** Lassen Sie die Vibrationen des Klangs durch den ganzen Körper wandern.

Konzentrieren Sie sich darauf, wie sich der Klang anfühlt, anstatt darauf zu achten, wie er sich anhört. Lassen Sie das Pulsieren des Tons bis ins Gehirn, bis in die Arme und Beine und bis zu den Füßen wandern. Je entspannter Sie sind, umso weiter durchdringt der Klang den gesamten Körper, löst innere Blockaden und entspannt alle Teile Ihres Körpers. Alternativ können Sie **Melodien summen** oder **Lieder singen.** Dies ist eine äußerst wirkungsvolle Methode, um Ihren Kopf frei von belastenden Gedanken zu bekommen, ruhiger zu werden und Ihre Stimmung aufzuhellen.

Ziele

Summen und Singen lösen innere Blockaden. Beides entspannt und tonisiert rasch und sanft alle Teile des Körpers, die durch den pulsierenden Klang berührt und massiert werden (Muskeln, Organe, Nerven, Knochen). Der Energiefluss im Körper wird vollständiger. Durch das Summen von Melodien, kommen Sie auf andere Gedanken und steigen aus Ihrem Kopfkino aus. Sie heben Ihre Stimmung und beruhigen Ihr vegetatives Nervensystem mit der verlängerten Ausatmung. Singen stärkt nachweislich ganzheitlich Gesundheit und Wohlbefinden.

Anwendungsbereiche

Während der Arbeit, in Seminaren, im Coaching, in der Pause, zum Abschalten nach der Arbeit, in der Freizeit, wenn Sie schlechte Laune haben und wenn Sie nicht schlafen können.

Bitte beachten

Singen wirkt hervorragend als Ausgleich für Kopfarbeitende. Setzen Sie es daher bewusst ein als Gegenpol zu schwierigen Arbeiten. Summen wirkt beruhigend und erstaunlich stimmungsaufhellend, wenn Sie morgens mit dem »falschen Bein« aufgestanden sind.

Ulrike Pilz-Kusch: **60 Impulskarten Kraftvoll durch den Tag**
Illustrationen: Martina Lauterjung

Krafttankstellen

Fokus auf das Positive

Sie haben es in der Hand, worauf Sie Ihre Aufmerksamkeit richten: auf Negatives oder Positives! Mit dieser Übung lenken Sie ganz bewusst Ihren **Fokus auf etwas, das Sie stärkt und positiv ausrichtet.**

Lassen Sie sich von Ihrem Inneren leiten. Schauen Sie sich genau um: Wo entdecken Sie etwas Schönes, das Ihre Sinne und Ihr Gemüt erfreut wie eine schöne blühende Pflanze, ein schönes Bild oder ein stärkender Spruch auf einem Kalenderblatt? Vielleicht zieht es Sie auch nach draußen an die frische Luft? Wenn die Sonne scheint, erlauben Sie sich einen Moment am offenen Fenster, auf der Terrasse oder vor der Tür. **Spüren Sie in sich hinein und genießen Sie.**

Sie können auch Ihre Gedanken auf etwas Erfreuliches richten: eine beglückende Situation in Ihrer Erinnerung oder ein schönes Ereignis in naher Zukunft. Lassen Sie das, was Sie erfreut und aufbaut, einen Moment auf sich wirken und genießen Sie es sehr bewusst mehrere Sekunden.

Ziele

Gute Energie aufbauen, Kraft schöpfen. Erlauben Sie sich, Ihren Fokus ganz bewusst auf etwas Schönes und Stärkendes zu richten, wenn Sie eher negativ drauf sind, Sie etwas runterzieht oder Sie sich nach etwas sehnen, das Sie aufbaut, stärkt und Ihre Stimmung aufhellt. Dadurch schöpfen Sie die Kraft und Ausstrahlung, die Sie benötigen, um in einer guten Energie zu arbeiten und die Herausforderungen des Alltags leichter zu meistern.

Anwendungsbereiche

Als Blitztankstelle während der Arbeit, in der Pause, zum Abschalten nach der Arbeit, am Feierabend, am Wochenende, unterwegs und in allen Situationen des Lebens, wo Sie den Fokus eher auf das Negative gerichtet haben. Leiten Sie auch Kinder, Teilnehmende, Schüler und Klienten dazu an, den Fokus auf positive Aspekte zu lenken.

Bitte beachten

Sobald Sie bemerken, dass Ihnen diese Übung nicht hilft und Sie an Ihren negativen Gedanken festhalten, probieren Sie eine FreiRaum-Übung wie das »Partialisieren« aus der Kategorie »Stressumwandler« (s. Impulskarte 44).

Ulrike Pilz-Kusch: **60 Impulskarten Kraftvoll durch den Tag**
Illustrationen: Martina Lauterjung
 · ISBN 978-3-407-36639-9

Bewusst erholsame Pause

Pausen sind nur dann erholsam, wenn Sie wirklich abschalten und Ihre geistigen, psychischen und körperlichen Kräfte regenerieren. Unterbrechen Sie ganz bewusst Ihre Arbeit und konzentrieren sich auf etwas komplett anderes. Das fällt meist leichter, wenn Sie **räumlich Abstand** gewinnen und den **Arbeitsplatz verlassen.** Wer viel sitzt, dem tut es gut, an der frischen Luft achtsam zu gehen oder den Kreislauf beispielsweise mit **»Stress abschütteln«** (Impulskarte 40) in Schwung zu bringen. Wen das Kopfkarussell oder Unruhe plagt, der kann mit **»Balancependeln«** (Impulskarte 09) den Kopf freibekommen oder sich mit **Atemtechniken** beruhigen. Probieren Sie aus, was für Sie jeweils passt.

Fragen Sie sich in jeder Pause: Was kann meinem Körper und Geist jetzt guttun? Wie löse ich am wirkungsvollsten die körperlichen Anspannungen und komme mental zur Ruhe? Für den Erholungseffekt ist es wichtig, sich voll und ganz auf eine Sache wie zum Beispiel das Essen zu konzentrieren – in Ruhe und ohne Zeitdruck. Genießen und schmecken Sie bewusst das, was Sie zu sich nehmen. Erledigen Sie keinesfalls nebenbei noch etwas anderes, wie beispielsweise Zeitung lesen oder im Internet surfen.

Ziele
In einer bewusst gestalteten Mittagspause können Sie Stresshormone abbauen, Ihre geistigen, psychischen und körperlichen Kräfte regenerieren und Power für den Nachmittag gewinnen. Sie arbeiten dann in einer guten Energie vital und zentriert weiter.

Anwendungsbereiche
Bei der Arbeit ebenso wie in der Freizeit.

Bitte beachten
Die ersten fünf Minuten einer Pause sind Studien zufolge am effektivsten.
Tabu sind in Pausen arbeitsähnliche Aktivitäten: Anstatt im Internet zu surfen, können Sie die Augen schließen, sich einen Moment anlehnen und ausruhen.

Ulrike Pilz-Kusch: **60 Impulskarten Kraftvoll durch den Tag**
Illustrationen: Martina Lauterjung
© Beltz Verlag · Weinheim und Basel · ISBN 978-3-407-36639-9

Krafttankstellen

Mit den Sinnen genießen: Hören

Suchen Sie in der Mittagspause oder nach der Arbeit einen möglichst **ruhigen naturnahen Ort** auf: einen Garten, eine Parkanlage oder eine Baumallee. Es kann auch ein begrünter Innenhof oder ein Spielplatz sein.
Konzentrieren Sie sich zunächst mit Ihrer vollen freundlichen Aufmerksamkeit je nach Zeitbudget zwei Minuten oder länger auf einen Sinn: Beginnen Sie mit dem **Hörsinn.**

Begeben Sie sich in aller Ruhe an verschiedene Orte, bleiben Sie zwischendurch stehen, schließen Sie die Augen oder senken Sie den Blick und lauschen Sie **mit der staunenden Entdeckerfreude eines neugierigen kleinen Kindes** nur darauf, was Ihre Ohren vernehmen: das **Rascheln** der Blätter im Wind, das **Zwitschern** der Vögel in den Bäumen, das **Lachen** der Kinder auf dem Spielplatz oder auch die **Geräusche** von Fahrzeugen und Menschen. Seien Sie ganz da. Was erleben Sie in Ihrem Inneren? Wie fühlt sich das an? Lassen Sie sich Zeit. Erlauben Sie sich, Ihre Aufmerksamkeit in aller Ruhe jeweils nur auf diese eine Sinneswahrnehmung zu richten und lassen Sie sich überraschen, was das in Ihnen auslöst.

Ziele

Um den Kopf freizubekommen, zu entschleunigen, die Seele baumeln zu lassen, Sauerstoff und Schönes zu tanken und Ihre Stimmung aufzuhellen, kann die Konzentration auf einen Sinn sehr wirkungsvoll und erhellend zugleich sein. Bewusstes Hören, Tasten und Riechen gehören zu den Tätigkeiten, die Ihre Gehirnfunktion ausgleichen und außerdem ganzheitlich anregen.

Anwendungsbereiche

In der Pause, zum Abschalten nach der Arbeit, in der Freizeit und im Urlaub und auch mit Kindern, Teilnehmenden, Schülern und Klienten durchführbar.

Bitte beachten

Starten Sie mit dem Hörsinn. Dann können Sie auch die anderen Sinne jeweils einzeln üben (s. Impulskarten 19 und 20). Weitere Übungen finden Sie zudem im Buch »Burnout: Frühsignale erkennen – Kraft gewinnen« (Pilz-Kusch 2012).

Ulrike Pilz-Kusch: **60 Impulskarten Kraftvoll durch den Tag**
Illustrationen: Martina Lauterjung

Mit den Sinnen genießen: Tasten und Spüren

Suchen Sie in Ihrer Pause, nach der Arbeit oder am Wochenende einen möglichst **ruhigen naturnahen Ort** auf. Konzentrieren Sie sich jetzt mit Ihrer vollen freundlichen Aufmerksamkeit auf Ihren **Tast- und Spürsinn:** Nehmen Sie sich dafür mindestens zwei Minuten Zeit. Gehen Sie in aller Ruhe ein paar Schritte in verschiedene Richtungen. Erspüren Sie ganz bewusst die unterschiedlichen Untergründe mit Ihren Fußsohlen. Erkunden Sie mit der staunenden Entdeckerfreude kleiner Kinder, wie sich der Boden unter den Füßen anfühlt. Wie fühlt sich das in Ihnen an? Halten Sie nach ein paar Schritten immer wieder inne: Spüren Sie ganz bewusst das **Streicheln des Windes**, die **Wärme der Sonne** auf Ihrer Haut oder das **Gras** unter den nackten Füßen.

Genießen Sie dieses sinnliche Vergnügen in aller Ruhe und **achten Sie auf Ihre innere Resonanz.** Vielleicht möchten Sie einen Baum umfassen, sich auf eine Wiese legen, mit den Händen die Schönheiten der Natur ertasten. Erkunden Sie: Was macht diese Erfahrung mit Ihnen? Leisten Sie Ihrem inneren Erleben freundlich Gesellschaft. Lassen Sie alles eine Zeit lang in sich wirken. Was löst das in Ihnen aus? Wie fühlt es sich an?

Ziele

Die Konzentration auf einen Sinn erleichtert es, den Kopf frei zu bekommen, zu entschleunigen, die Seele baumeln zu lassen, Sauerstoff und Schönes zu tanken und Ihre Stimmung aufzuhellen. Das bewusste Spüren und Tasten gehören wie das Hören und Riechen zu den Tätigkeiten, die Ihre Gehirnfunktion ausgleichen und außerdem ganzheitlich anregen.

Anwendungsbereiche

In der Pause, zum Abschalten nach der Arbeit, in der Freizeit und im Urlaub. Auch mit Kindern, Teilnehmenden, Schülern und Klienten durchführbar.

Bitte beachten

Mit Kindern können Sie daraus ein Spiel machen und sich erzählen lassen, wer was fühlt. Das fördert bei ihnen gleichzeitig die Sinneswahrnehmung.
Haptische Erfahrungen werden häufig unterschätzt. Dabei können sie hervorragend den Stress vermindern.

Ulrike Pilz-Kusch: **60 Impulskarten Kraftvoll durch den Tag**
Illustrationen: Martina Lauterjung
 · ISBN 978-3-407-36639-9

Krafttankstellen

Mit den Sinnen genießen: Sehen

Wenn Sie diese Impulskarte für Ihr tägliches Training gewählt haben, gehen Sie wiederum an einen möglichst naturnahen Ort. **Konzentrieren Sie sich** mit Ihrer vollen freundlichen Aufmerksamkeit mindestens zwei Minuten **auf Ihren Sehsinn.** Lernen Sie, mit »neuen« oder anderen Augen zu sehen.

Wählen Sie einen kleinen Ausschnitt aus der Natur: eine Wiese, den Himmel, einen Baum oder ein Gebäude. **Betrachten Sie den gewählten Ausschnitt** in aller Ruhe **aus verschiedenen Blickwinkeln** mit den staunenden Augen eines Kindes: von oben, von unten und von der Seite. Betrachten Sie ihn aus der Nähe und aus einiger Entfernung. Halten Sie zwischendurch immer wieder inne. Lassen Sie das Ganze eine Weile auf sich wirken. Was löst das in Ihrem Inneren aus? **Vertiefen Sie sich dann in die Details.** Was für eine Resonanz entsteht in Ihnen? Spüren Sie in Ihren Körper hinein, was das Bild in Ihnen auslöst. Dieses Experiment können Sie auch mit Ihrem Riechsinn durchführen.
Fragen Sie sich am Ende: Was ist mir aufgefallen? Was habe ich erkannt? Wie kann diese Erfahrung meinen Alltag bereichern?

Ziele

Wenn Sie sich ausschließlich auf das bewusste und achtsame Sehen eines Ausschnitts in der Natur konzentrieren und diesen mit den staunenden, nicht bewertenden Augen eines kleinen Kindes in der Focusing-Haltung genauer und tiefer erkunden, kann das den Kopf freimachen, entschleunigen und die Seele baumeln lassen. Ihre Stimmung wird aufgehellt. Sie können erhellende und bereichernde Einsichten für Ihr Leben gewinnen.

Anwendungsbereiche

In der Pause, zum Abschalten nach der Arbeit, in der Freizeit und im Urlaub. Auch mit Kindern, Teilnehmenden, Schülern und Klienten durchführbar.

Bitte beachten

Sie werden dann die größtmögliche Wirkung dieser Übung erleben, wenn Sie

- sich Zeit lassen und zwischendurch anhalten und
- auf Ihre absichtslose, annehmende und aufmerksame Focusing-Haltung und Ihre innere Resonanz achten.

Ulrike Pilz-Kusch: **60 Impulskarten Kraftvoll durch den Tag**
Illustrationen: Martina Lauterjung

Wirksam abschalten

Abschalten ist der Schlüssel zur Erholung. Legen Sie nach der Arbeit ganz bewusst einen Cut ein, bevor Sie sich Ihrer privaten To-do-Liste widmen. Abschalten gelingt am besten, wenn Sie dabei die Arbeit vergessen können. Probieren Sie aus, wie es sich anfühlt, wenn Sie sich erlauben, erst einmal in Ruhe ein paar Minuten zu Hause anzukommen.

Konzentrieren Sie sich auf etwas ganz anderes. Trinken Sie beispielsweise in Ruhe eine Tasse Tee und nehmen Sie den Geschmack des Getränks bei jedem Schluck wahr. Spüren Sie ganz bewusst die Wärme der Teetasse in Ihren Händen, den warmen Dampf im Gesicht und den Duft des Tees in der Nase.
Je radikaler Sie mit Ihrer Aufmerksamkeit bei Ihren Sinnen und in diesem Moment sind, je mehr Sie sich einen Augenblick Ruhe und Genuss gönnen, umso wirkungsvoller schalten Sie ab und tanken Sie auf.

Mit dem vierten **Erkundungsexperiment** (Impulskarte 54) können Sie herausfinden, was Sie jetzt genau brauchen, um abzuschalten.

Ziele

Erholungsphase einleiten, Stresspegel reduzieren. Ohne bewusstes Abschalten können Sie sich am Feierabend nicht wirklich erholen. Statt ohne Zwischenstopp weiter im Eiltempo und unter Strom Privates zu erledigen, um abends erschöpft und aufgedreht zugleich aufs Sofa zu sinken und später keineswegs erholsam schlafen zu können, ist es klüger, nach der Arbeit einen klaren Schnitt zu machen. Damit fahren Sie den Stresspegel nach unten und kommen erst einmal in Ruhe zu Hause und bei sich an. Sie spüren auf diese Weise eher, ob Sie erschöpft sind und was Ihnen nun weiterhilft und guttut.

Anwendungsbereiche

Das Abschalten können Sie sowohl zwischendurch während der Arbeit mit Blitztankstellen und in der Pause üben als auch nach der Arbeit, um Abstand zur Arbeit zu entwickeln als Voraussetzung für Erholung.

Bitte beachten

Auch und gerade wenn Sie wenig Zeit haben, gönnen Sie sich mindestens fünf Minuten nach einem stressigen Tag, um runter- und ganz bewusst bei sich anzukommen.

Ulrike Pilz-Kusch: **60 Impulskarten Kraftvoll durch den Tag**
Illustrationen: Martina Lauterjung

Krafttankstellen

Kontakt zu Ihren Stärken

Suchen Sie sich einen Platz, an dem Sie sich wohlfühlen. Machen Sie es Ihrem Körper gemütlich und schließen Sie die Augen, wenn es angenehm für Sie ist. **Spüren Sie die Kontaktflächen** Ihres Körpers mit dem Boden und der Unterlage. Geben Sie Ihre Lasten an den Boden und die Unterlage ab, die Sie halten und tragen. Ihren Atem lassen Sie ganz locker fließen.
Lassen Sie jetzt vor Ihrem inneren Auge **Situationen aus Ihrem beruflichen oder privaten Leben** auftauchen, in denen Sie sich stark gefühlt haben, in denen Ihnen etwas gut gelungen ist oder Sie positive Rückmeldung von anderen bekommen haben.
Welche schwierigen Situationen haben Sie durchgestanden? Welche Herausforderungen gemeistert? Aus welcher Krise haben Sie etwas gelernt? Haben Sie sich erfolgreich Neues angeeignet? Etwas Neues ausprobiert? Sind Sie allein gereist? Welche Projekte haben Sie gestemmt? Haben Sie jemandem mutig in der Not beigestanden? Wann haben Sie etwas bewirkt? Wann anderen weitergeholfen? Welche Personen waren beziehungsweise sind Ihnen dankbar? Was schätzen andere an Ihnen?
Nehmen Sie sich anschließend einen Stift zur Hand und **notieren Sie intuitiv** fünf Minuten lang, was Ihnen in den Sinn kommt.

Ziele

Mit dieser Übung kommen Sie wieder in Kontakt mit Ihren Stärken. Sie kann Sie aufbauen, wenn Sie sich klein fühlen und Ihr Selbstwertgefühl in den Boden gesunken ist.

Anwendungsbereiche

In beruflichen sowie privat herausfordernden Situationen, wenn Sie an sich zweifeln, ist diese Übung ein wirkungsvoller Baustein. Auch mit Kindern, Teilnehmenden, Schülern, Patienten und Klienten können Sie diese Übung einsetzen.

Bitte beachten

Richten Sie Ihr Augenmerk auf Ihre Stärken. Sobald sich der innere Kritiker meldet (»So gut war das doch gar nicht!«), dann schicken Sie ihn freundlich in die Pause. Übungen zur Transformation der inneren Kritiker und Antreiber finden Sie im Praxisübungsbuch »Burnout: Frühsignale erkennen – Kraft gewinnen« (Pilz-Kusch 2012) auf den Seiten 69 ff. und 89 ff.

Ulrike Pilz-Kusch: **60 Impulskarten Kraftvoll durch den Tag**
Illustrationen: Martina Lauterjung

Glücksmomente sammeln

Machen Sie es sich körperlich an Ihrem **Wohlfühlort** gemütlich. Atmen Sie tief durch. Dann lassen Sie vor Ihrem inneren Auge ein berührendes schönes **Naturerlebnis** in sich entstehen. Stellen Sie sich die Situation als Ganzes mit allen Ihren Sinnen vor und lassen Sie dieses Bild eine Weile auf sich wirken. Spüren Sie möglicherweise die Sonne und den Windhauch auf Ihrer Haut, den Sand oder das Gras unter Ihren Füßen. Nehmen Sie die Weite der Landschaft und vielleicht auch den Himmel über sich wahr.
Welche **Gefühle und Empfindungen** machen sich in Ihnen bemerkbar? Spüren Sie die **innere Resonanz** in Ihrem Körper? Verweilen Sie ein wenig dabei und genießen Sie es. Vielleicht können Sie die angenehmen Empfindungen auf den gesamten Körper sich ausbreiten lassen.
Erinnern Sie sich an eine **glückliche Begegnung** mit einem wichtigen Menschen in Ihrem Leben, **kleine Glücksmomente** mit sich allein, bei einer **Veranstaltung** oder einer **Aktivität,** die Sie lieben, bei einem **Gespräch** mit einem Menschen, dem Sie etwas verdanken … Sammeln Sie kleine Momente, in denen Sie sich glücklich gefühlt haben, und lassen Sie diese zu einem Ganzen werden. Was löst das in Ihrem Inneren aus? Vielleicht entsteht in Ihnen ein Bild oder ein Symbol für das Glückliche in Ihrem Leben. **Malen Sie es oder schreiben Sie es auf.**

Ziel
Wenn Ihr Fokus auf etwas Negatives gerichtet ist, Sie bedrückt oder in einer schwierigen Situation sind, besinnen Sie sich der Glücksmomente in Ihrem Leben, um den Fokus auf das Positive zu richten und sich wieder aufzubauen.

Anwendungsbereiche
Während und außerhalb der Arbeit.

Bitte beachten
Sie können für Ihre Glücksmomente einen guten Platz im Körper finden oder die gemalten beziehungsweise notierten Glückmomente in einem Behälter sammeln und sich beispielsweise nach einem halben Jahr oder am Jahresende daran erfreuen, indem Sie sich die Glücksmomente in Erinnerung rufen oder anschauen.

Ulrike Pilz-Kusch: **60 Impulskarten Kraftvoll durch den Tag**
Illustrationen: Martina Lauterjung

Krafttankstellen

Wohlfühlort im Körper

Suchen Sie sich einen guten Platz, an dem Sie sich wohlfühlen. Finden Sie eine entspannte Liege- oder Sitzposition und schenken Sie sich selbst Ihre volle wohlwollende Aufmerksamkeit. Erlauben Sie sich eine kleine Pause vom Getriebe des Alltags. Fragen Sie sich: **Wo in meinem Körper fühlt es sich jetzt am wohlsten und angenehmsten an?** Wandern Sie in aller Ruhe ganz unvoreingenommen durch Ihren Körper von den Füßen an aufwärts. Lassen Sie alle Orte an sich vorbeiziehen, die sich nicht so gut anfühlen … Lassen Sie sich überraschen, wo es Sie hinzieht.

Wenn Sie gar kein Ort anlächelt, entscheiden Sie sich einfach für eine Stelle in Ihrem Körper, wo es sich überwiegend wohl und angenehm anfühlt. **Erkunden Sie die wohlige Qualität** dieses Orts mit allen Sinnen und erlauben Sie sich, sich einen Moment ganz wohlzufühlen … Richten Sie Ihre ganze **Aufmerksamkeit auf die angenehmen Gefühle** und lassen Sie sie eine Weile auf sich wirken … Bleiben Sie bei den angenehmen Empfindungen und achten Sie darauf, ob dazu Bilder oder Worte in Ihnen aufsteigen.

Sie können sich fragen: Wie ist die Stimmung an diesem Ort? Oder: Was ist das Beste an diesem Ort? – Genießen Sie das Gefühl, ohne irgendetwas zu tun. Vielleicht können Sie inmitten dieses Gefühls zur Ruhe kommen. Vielleicht können Sie das angenehme Gefühl sich auf den ganzen Körper ausbreiten lassen.

Ziel
Diese FreiRaum-Übung hilft, es sich einen Moment gut gehen zu lassen und sich in der Pause, nach der Arbeit, vor dem Einschlafen oder bei Schlafschwierigkeiten an den Problemen vorbei wohlzufühlen und sich FreiRaum von den Sorgen des Alltags zu verschaffen (s. auch Freiraum-Techniken Impulskarten 38 bis 44)..

Anwendungsbereiche
In der Pause, zum Abschalten nach der Arbeit, in der Freizeit, auf Reisen, im Auto, bei Müdigkeit und Stress; auch mit Kindern, Teilnehmenden, Schülern und Klienten durchführbar (mit Anleitung durch die CD »Abschalten, entspannen und auftanken«, Track 20).

Bitte beachten
»FreiRaum schaffen« ist eine sehr effektive Übung im Focusing und der dritte der acht Focusing-Schlüssel:
- Schlüssel 1: Innehalten – sich spürend tiefer wahrnehmen
- Schlüssel 2: Sich freundlich-fürsorglich selbst beobachten im Tun
- Schlüssel 3: Sich mit FreiRaum wirksam entlasten
- Schlüssel 4: Allem erlauben, da zu sein
- Schlüssel 5: Den Fokus auf das lenken, was stärkt und voranbringt
- Schlüssel 6: Mit Mini-Focusing innere Klarheit gewinnen
- Schlüssel 7: Anders arbeiten
- Schlüssel 8: Rhythmisieren – die Kraft des gesunden Wechsels

Lassen Sie sich Zeit und erkunden Sie absichtslos und offen, wo es Sie jeweils hinzieht. Das können in verschiedenen Situationen unterschiedliche Orte sein.

Ulrike Pilz-Kusch: **60 Impulskarten Kraftvoll durch den Tag**
Illustrationen: Martina Lauterjung

Krafttankstellen

Kraftspendenden Gegenpol zur Arbeit aufbauen

Um leistungsstark und fit zu bleiben, ist ein **täglicher Ausgleich** zur Arbeit wichtig. Bauen Sie sich am Feierabend und am Wochenende einen kraftspendenden Gegenpol zu Ihrer Arbeit auf. Dafür benötigen Sie nur wenig Zeit. Denn die **Erholungsqualität ist entscheidend für den Erholungseffekt.** Wichtiger ist, dass Sie Abstand zur Arbeit gewinnen, den Stresspegel herunterfahren, sich muskulär und mental entspannen, Freude und Genuss empfinden. Der Erholungseffekt ist am größten, wenn An- und Entspannung rhythmisierend wechseln, Sie sich nach jeder geistigen oder körperlichen Anstrengung ausruhen, sich nicht unter Zeit- oder Leistungsdruck setzen und die Arbeit dabei vergessen.

Experimentieren Sie mit einem guten Mix aus moderater, wohltuender Bewegung zur muskulären Lockerung und zum Abbau der Stresshormone, aus Entspannung, Ruhe und Muße, schönen Erlebnissen in der Natur und mit lieben Menschen, die Ihnen guttun und zweckfreiem Schönem beziehungsweise Inspirierendem, was Körper, Geist und Herz erfreut.

Ziel
Um ganzheitlich leistungsstark und fit zu bleiben, benötigen wir eine tägliche Balance zwischen Beanspruchung und Erholung. Deshalb sind die vier Ladestationen am Tag wichtig, also auch eine längere Erholung nach dem Arbeitstag, Muße und Aktivitäten am Wochenende, bei denen Sie abschalten, sich auf etwas komplett anderes konzentrieren und Abstand zur Arbeit gewinnen können.

Anwendungsbereiche
Während der Freizeit, am Wochenende und im Urlaub.

Bitte beachten
Weniger ist dabei **mehr**! Gönnen Sie sich unverplante Zeiten für Muße, Nichtstun, Seele-baumeln-Lassen, in denen Gehirn, Gemüt und Körper in Ruhe Kräfte sammeln können für die Anforderungen des Arbeitsalltags.

Ulrike Pilz-Kusch: **60 Impulskarten Kraftvoll durch den Tag**
Illustrationen: Martina Lauterjung
 · ISBN 978-3-407-36639-9

Stärkende Tagesrituale

Morgenritual im Bett: positiv in den Tag starten

Stellen Sie Ihren Wecker so frühzeitig, dass Sie entspannt in den Tag starten können. Nach dem Aufwachen spüren Sie einen Moment lang bewusst die Kontaktflächen Ihres Körpers auf der Matratze in seiner ganzen Lebendigkeit. Erkunden Sie anschließend in Ruhe Ihren Atem, wie er ein paar Mal ein- und ausströmt.

Besinnen Sie sich bewusst auf das, was gut läuft in Ihrem Leben und danken Sie dafür, bevor Sie aufstehen. Sagen Sie sich: »Einatmend bin ich mir bewusst, dass ich lebendig bin. Ausatmend lächle ich meinem – kostbaren – Leben zu. Ich **danke** für alles, **was gut klappt** in meinem Leben, wie zum Beispiel für

- den neuen Tag, der mir geschenkt wird,
- alles, was gesund ist an meinem Körper, meinem Geist und meiner Psyche …,
- die Menschen an meiner Seite, die mich unterstützen … und
- für alles, was dazu beiträgt, dass ich sicher und gut leben kann.«

Ziel

Gut auf den Tag einstimmen: Stellen Sie abends den Wecker auf eine Uhrzeit ein, die Sie am nächsten Morgen ohne Hektik in den Tag starten lässt. So können Sie ruhiger schlafen, in Ruhe wach werden und haben Zeit, sich entspannt und positiv auf den neuen, frischen Tag einzustimmen. Sie richten den Fokus auf das, was in Ihrem Leben glückt. Das bringt Sie in eine gute Energie, um den Tag zu beginnen. Die Art und Weise, wie Sie in den Tag starten, ist für den weiteren Verlauf des Tages entscheidend.

Anwendungsbereiche

Abends den Wecker frühzeitig stellen und das Morgenritual beim Aufwachen im Bett praktizieren, bevor Sie aufstehen.

Bitte beachten

Wandeln Sie die Sätze so ab, dass es sich für Sie stimmig anfühlt.

Ulrike Pilz-Kusch: **60 Impulskarten Kraftvoll durch den Tag**
Illustrationen: Martina Lauterjung

Stärkende Tagesrituale

Morgenritual vor dem Spiegel

Nach dem Aufstehen spüren Sie bewusst Ihre Fußsohlen auf dem Boden. Erkunden Sie in Ruhe, wie Ihr Körper sich aufrichten und ganz da sein möchte. Dann schauen Sie sich **freundlich-wohlwollend** im Spiegel an. **Lächeln** Sie sich zu und wünschen Sie sich einen schönen Tag.

Wenn Sie mehr Zeit haben, können Sie sich die **stärkenden Sätze sagen,** die Sie für diesen Tag gut brauchen können:

- »Möge ich friedlich in Körper und Geist sein.«
- »Möge ich mich und andere mit den Augen der Liebe, des Verständnisses und des Mitgefühls betrachten.«
- »Möge ich ›angedockt‹ sein in meinem Körper, verbunden mit meinem Herzen und mit dem, was ich tue, und mich von meinem Inneren leiten lassen.«
- »Möge ich rhythmisierend arbeiten, mir kleine Auftankinseln gönnen und gut für mich sorgen.«

Ziele
Auch wenn Sie wenig Zeit haben, können Sie sich morgens im Spiegel zulächeln, um sich freundlich statt kritisch durch den Tag zu begleiten (Focusing-Schlüssel 2).
Je mehr Sie sich darin üben, freundlich und mitfühlend mit sich selbst und Ihren allzu menschliche Unzulänglichkeiten zu sein, umso leichter fällt es Ihnen, auch freundlich zu anderen zu sein. Lächeln senkt den Blutdruck, stärkt das Immunsystem und fördert das Wohlbefinden.

Anwendungsbereiche
Morgens nach dem Aufstehen im Bad.

Bitte beachten
Das stärkende Morgenritual »Inneres Lächeln« finden Sie als Download unter www.beltz.de bei meiner CD »8 Schlüssel gegen Stress und Burnout« (2014).

Ulrike Pilz-Kusch: **60 Impulskarten Kraftvoll durch den Tag**
Illustrationen: Martina Lauterjung

Stärkende Tagesrituale

Ankommen am Arbeitsplatz

Experimentieren Sie damit, wie es sich anfühlt, wenn Sie sich erlauben, **in Ruhe an Ihrem Arbeitsplatz anzukommen,** sodass Sie frei atmen und offen sind für Ihre Arbeit.
Bleiben Sie vor der Tür zu Ihrem Arbeitsplatz einen Moment stehen oder halten Sie auf Ihrem Sitz an Ihrem Arbeitsplatz einen Moment inne, bevor Sie loslegen.

Sie können die **Augen schließen** oder den **Blick senken.** Spüren Sie bewusst die **Fußsohlen am Boden.** Und wenn Sie sitzen, spüren Sie zudem die **Auflageflächen Ihres Körpers** auf dem Sitz. Nehmen Sie Ihren Atemstrom aufmerksam wahr, wie Sie ein- und ausatmen. Atmen Sie ein paar Mal tief durch den leicht geöffneten Mund alles aus, was sie belastet, bis Sie zur Ruhe gekommen sind und einen **guten Kontakt zu sich** gefunden haben.
Sie können auch das, was Sie belastet, in Ihrer Vorstellung aus Ihrem Körper herausstellen, so weit neben sich oder vor sich platzieren, dass Sie einen guten Abstand spüren, bis Sie wieder aufatmen können und innerlich frei sind.

Ziele

Kommen Sie in Ruhe an Ihrem Arbeitsplatz an und schaffen Sie vor Arbeitsbeginn Raum, sodass Ihr »Körper frei atmen und tiefer offen sein kann« (Eugene T. Gendlin: Focusing. Selbsthilfe bei der Lösung persönlicher Probleme. 2004, S. 56).
So können Sie in einer guten Energie arbeiten und den Fokus auf das wirklich Wichtige richten.

Anwendungsbereiche

Vor oder beim Ankommen an Ihrem Arbeitsplatz oder im Seminar.

Bitte beachten

Wenn Sie dieses Ritual an Ihrem Arbeitsplatz durchführen, sorgen Sie dafür, dass Sie nicht gestört werden. Fahren Sie Ihren Computer noch nicht hoch, stellen Sie Ihr Smartphone auf lautlos, lassen Sie die Kolleginnen und Kollegen wissen, dass Sie ungefähr 60 Sekunden absolut ungestört bleiben möchten.

Ulrike Pilz-Kusch: **60 Impulskarten Kraftvoll durch den Tag**
Illustrationen: Martina Lauterjung

Sich freundlich-erkundend begleiten

Seien Sie wach, wenn Sie beschäftigt sind. Die Färbung Ihres Blicks (negativ oder positiv), Ihrer »Brille« (kritisch oder wohlwollend) und Ihre Haltung sind sehr bedeutsam für die Qualität Ihres Daseins, Ihrer Arbeit, Ihrer Befindlichkeit und Ihres Lebensgefühls. Sie bestimmen auch Ihre Ausstrahlung und Wirkung auf andere.

Begleiten Sie sich in der **lebensbejahenden Focusing-Haltung.** Erkunden Sie freundlich unvoreingenommen aus der bewussten Beobachterposition, was **für Sie stimmig** ist statt sich von Erwartungen anderer oder Ihren inneren Antreibern regieren zu lassen. Nehmen Sie sich selbst **liebevoll-freundlich** wie **Ihre beste Freundin oder Ihr bester Freund** an die Hand, wenn Sie sich einer Aufgabe widmen oder in Kontakt mit Menschen sind. Passen Sie auf sich auf, dass Sie sich nicht übernehmen oder den Kontakt zu sich verlieren. Treten Sie immer wieder einen Schritt neben sich, wenn etwas nicht rundläuft. Kehren Sie zu Ihrem Körper zurück (Impulskarte 03) und erforschen Sie, was los ist und was es dann braucht (Erkundungsexperiment 7, Impulskarte 57).

Ziele

Wenn Sie beschäftigt oder im Kontakt mit Menschen sind, ist es schwierig, rechtzeitig zu bemerken, wenn Sie sich übernehmen oder etwas nicht mehr stimmt. Denn: Im Stress fallen wir trotz besseren Wissens in automatische, schädigende Verhaltensmuster zurück.

Mit der focusingorientierten Art, sich selbst freundlich, aufmerksam und vor allem neugierig unvoreingenommen aus der bewussten Beobachterposition zu betrachten und zu erkunden, was ist und was es braucht, gelingt es Ihnen, sich selbst mit neuen Augen tiefer wahrzunehmen. Sie bemerken eher Ihre Grenzen und Frühsignale der Überlastung. Sie erkennen Ihre inneren Wegweiser viel klarer.

Mit diesem **zweiten Focusing-Schlüsselwerkzeug** können Sie sich liebevoll statt kritisch im Tun begleiten und auf sich aufpassen, damit Sie sich nicht übernehmen.

Sie können gezielt erforschen und herausfinden, was Ihnen wirklich wichtig ist, was Ihnen Kraft raubt und Kraft gibt, was Sie stresst und ärgert ebenso wie das, was Sie stärkt und nährt, wo es Sie hinzieht, was Sie energetisiert, was wirklich »Ihr Ding« ist, was in Ihrem Leben verändert und lebendig werden möchte.

Anwendungsbereiche

In allen Situationen Ihres Lebens: während der Arbeit und bei allen Ihren Aktivitäten im Haushalt, in der Freizeit, im Kontakt mit Menschen, unterwegs und auf Reisen.

Ulrike Pilz-Kusch: **60 Impulskarten Kraftvoll durch den Tag**
Illustrationen: Martina Lauterjung

Arbeiten in einer guten Energie

Bringen Sie sich in einen **guten energetischen Zustand,** bevor Sie mit einer Aufgabe, einem Projekt oder einer Tätigkeit starten.
Stellen Sie mit dem focusingorientieren Innehalten in Ruhe freundlich-wohlwollend Kontakt zu Ihrem Körper her, sodass Sie sich **körperlich gut spüren.** Dann stellen Sie ganz bewusst Kontakt her zur anstehenden Aufgabe und zu den Menschen, für die und mit denen Sie arbeiten. Lassen Sie vor Ihrem inneren Auge das Ganze des Projekts langsam entstehen. **Fragen Sie sich** bei jeder Aktivität: Wofür tue ich das? Was liegt mir dabei am Herzen? Was möchte ich damit wirklich bewirken? Was gibt mir Sinn? Und lassen Sie Ihrem Inneren Zeit, zu diesen Fragen eine **innere Resonanz** in Ihnen entstehen zu lassen.

- Wenn Sie in Kontakt mit dem sind, was Ihnen wichtig ist und was Sie bewirken möchten, dann sind Sie motiviert und ganz da bei der Arbeit.
- Arbeiten Sie Schritt für Schritt, achtsam und ruhig, voll konzentriert auf das, was Sie gerade machen – eines nach dem anderen – wach und innerlich entspannt.
- Halten Sie jede Stunde oder anderthalb Stunden focusingorientiert inne und kehren Sie mit Ihrer Aufmerksamkeit zum Körper zurück (s. Impulskarte 03).

Ziel
»Was in Liebe getan wird, wird gut getan«, stellte auch Vincent van Gogh fest.
Wenn Sie in Kontakt sind mit sich und mit Ihrer Aufgabe, die Sie bewältigen, mit dem, was Sie berührt und Ihnen am Herzen liegt; wenn Sie in Kontakt sind mit den Menschen und mit dem, wofür Sie das tun, arbeiten Sie in einer guten Energie und im Einklang mit sich.
Die Arbeit macht mehr Freude und kann Sie nähren. Lust und Schaffenskraft können wie von selbst aufsteigen und die Prioritäten werden klarer.

Anwendungsbereiche
Während Ihrer Arbeit, bevor Sie mit Ihrer Arbeit, einer Aufgabe oder einem Projekt starten, ein Seminar oder ein Konzept entwickeln oder mit dem Unterricht, dem Meeting oder der Fortbildung beginnen.

Ulrike Pilz-Kusch: **60 Impulskarten Kraftvoll durch den Tag**
Illustrationen: Martina Lauterjung
© Beltz Verlag · Weinheim und Basel · ISBN 978-3-407-36639-9

Stärkende Tagesrituale

Klangpause

Gestatten Sie sich nach jeder Stunde oder einer abgeschlossenen Arbeit eine Pause von drei bis 90 Sekunden, um sich danach erfrischt auf das Wesentliche konzentrieren zu können. Sie können sich eine **Klangschale** zulegen, sie ins Büro stellen und immer dann, wenn Sie eine kleine Pause benötigen, einen Klang erzeugen und diesem lauschen, bis er ganz verklungen ist. Sie können sich auch im Internet eine **App** unter dem Stichwort **»Achtsamkeitsglocke«** herunterladen und sich stündlich an eine kleine Pause erinnern lassen.

Schenken Sie jetzt Ihrem **Hörsinn** Ihre volle Aufmerksamkeit. Machen Sie es Ihrem Körper so gemütlich wie möglich. Schließen Sie die Augen, um Ablenkungen zu vermeiden. Lassen Sie Ihren Atem fließen. Erlauben Sie, Ihrem Gehirn leer zu werden. Lauschen Sie dem **Klang der Glocke** den **ganzen Weg** vom Beginn bis zum Ende.

Ziel

Stresspegel herunterfahren und sich sammeln. Gestatten Sie sich nach jeder Stunde, wenn Ihre Energie sinkt oder nach einer abgeschlossenen Arbeit eine Pause, die drei bis 90 Sekunden dauern kann. In dieser Zeit kann sich Ihr Gehirn erholen. Sie stärken Ihre Konzentrationsfähigkeit und können sich anschließend erfrischt auf das Wesentliche der anstehenden Arbeit fokussieren.

Anwendungsbereiche

Während der Arbeit – ebenso wie außerhalb. Sie können diese Übung während Teambesprechungen, Meetings, in Seminaren, Coachings und in der Therapie ebenso wie in der Arbeit mit Kindern, Klienten, Patienten und Teilnehmenden anleiten.

Ulrike Pilz-Kusch: **60 Impulskarten Kraftvoll durch den Tag**
Illustrationen: Martina Lauterjung
 · ISBN 978-3-407-36639-9

Schulter klopfen

Nach jeder Aktivität – sei es ein Bericht, ein Gespräch oder eine Fortbildung – erlauben Sie sich bewusst einen **Moment innezuhalten,** zu sich zurückzukehren und zu **würdigen,** was Sie bewältigt haben.
Kehren Sie mit Ihrer Aufmerksamkeit von Ihrer Arbeit für einen Augenblick zu sich zurück. Sie können sich anlehnen und es Ihrem Körper bequem machen. Senken Sie Ihren Blick oder schließen Sie die Augen. Atmen Sie einen Moment tief durch. **Klopfen Sie sich auf die Schultern und würdigen Sie das, was Sie geschafft haben.**

Erkennen Sie das an, was Ihnen **gut gelungen** ist, ebenso wie Ihre **Anstrengungen** in herausfordernden Situationen, die Sie durchgestanden haben.
Dann können Sie sich anschließend erfrischt und in gutem Kontakt mit sich auf die nächste Aufgabe konzentrieren.

Ziel
Mit dieser Übung stärken Sie Ihr Selbstwertgefühl und Ihre Zufriedenheit. Denn wenn Sie sich bewusst machen und anerkennen, was Sie geschafft haben, verankert sich das in Ihrem Gehirn.

Anwendungsbereiche
Während der Arbeit und Ihrer Aktivitäten im Haushalt und in der Freizeit. Diese Übung können Sie auch an Kinder, Klienten, Seminarteilnehmer und viele andere mehr weitergeben.
In einem gut funktionierenden Team können Sie sich nach einer geschafften Aufgabe auch gegenseitig auf die Schulter klopfen.

Ulrike Pilz-Kusch: **60 Impulskarten Kraftvoll durch den Tag**
Illustrationen: Martina Lauterjung
 · ISBN 978-3-407-36639-9

Stärkende Tagesrituale

Rhythmisieren des Tages und der Tätigkeiten

Rhythmisieren Sie sowohl Ihre Tätigkeiten als auch Ihre freien Zeiten entsprechend Ihrem Energiepegel und Ihrer Konzentrationsfähigkeit. Wir brauchen nicht nur im Sport einen Wechsel von An-und Entspannung. Hochleistungssportler und Menschen in Sicherheitsberufen halten sich an einen strikten Pausenplan, Entspannungs- und Erholungsrhythmus, um Höchstleistungen erbringen zu können.

Das bedeutet: Sobald Ihre Energie sinkt, Ihre Arbeit zäh und anstrengend wird und Sie nicht mehr so gut vorankommen, halten Sie einen kleinen Moment inne. Erlauben Sie sich, nichts zu tun, machen Sie eine **Blitztankstelle** (Impulskarten 03 bis 16) oder nehmen Sie einen **rhythmisierenden Belastungswechsel** vor: Wechseln Sie nach einer anspruchsvollen Aufgabe zu einer Routinetätigkeit, die Hirn, Körper und Herz anders beansprucht. Sie können aufräumen, telefonieren oder nach längerem Sitzen ein paar Schritte gehen. Dann erholen sich die beanspruchten Gehirnareale. Und Sie können erfrischt und konzentriert mit der anspruchsvollen Tätigkeit fortfahren.

Ziel
Sobald Ihre Energie oder die Ihres Klienten, Ihrer Seminarteilnehmer oder Ihrer Schulklasse sinkt, sollten Sie einen rhythmisierenden Belastungswechsel oder eine Mini-Erholungspause vorsehen, um konzentrierter und effektiver arbeiten zu können.

Anwendungsbereiche
Während der Arbeit ebenso wie bei Tätigkeiten in der Freizeit, in Teambesprechungen, Seminaren, Meetings, in der Arbeit mit Kindern, Klienten und Teilnehmenden.

Bitte beachten
Den eigenen, gesunden Rhythmus zu finden wird umso wichtiger, je mehr wir Tätigkeiten ausüben, die in erster Linie einseitig den Verstand und logisches Denken beanspruchen und sitzend durchgeführt werden. Nach meiner Erfahrung sind erfolgreiche Arbeitsergebnisse – auch bei klaren Zeitvorgaben – nicht eine Frage von Disziplin, Überwindung des inneren Schweinehunds, von Schnelligkeit und effektivem Arbeiten im herkömmlichen Sinne, sondern das Ergebnis von in gutem, freundlichem Kontakt zu sich sein, von bewusstem, achtsamem und rhythmisierendem Tun und vor allem davon, auf sein Inneres zu hören.

Ulrike Pilz-Kusch: **60 Impulskarten Kraftvoll durch den Tag**
Illustrationen: Martina Lauterjung
© Beltz Verlag · Weinheim und Basel · ISBN 978-3-407-36639-9

Stärkende Tagesrituale

Telefon, Toilette, Ampel, Stau, Wartesituationen

Nutzen Sie das Telefonklingeln, den Schulgong, die Kirchenglocke, den Toilettengang, eine rote Ampel, einen Stau oder eine Wartesituation beim Arzt, bei der Bahn oder beim Einkaufen als **Erinnerungssymbole,** um sich eine **Mini-Auszeit** zu gönnen.

Sobald das Telefon klingelt, halten Sie einen Moment inne. Kehren Sie mit Ihrer vollen Aufmerksamkeit zu sich zurück. Während Sie das **Telefon ein- bis dreimal klingeln** lassen, atmen Sie tief durch und spüren Sie ganz bewusst Ihren Körper und erlauben ihm, überflüssige Anspannung loszulassen. Dann können Sie erfrischt und zentriert Ihrem Anrufer zuhören und auch dieser kann dann konzentrierter sein Anliegen vorbringen.

Statt zur Toilette zu eilen und schnell zurück, können Sie den **Gang dafür nutzen,** mit einigen bewussten Schritten **Abstand und Entschleunigung** zu **finden.** Sie können auf dem stillen Örtchen in Ruhe Ihren Körper wahrnehmen und tief durchatmen. Vielleicht tut es gut, Stress und Belastendes auszuatmen oder abzuschütteln, um den Kopf etwas freizubekommen.

Nutzen Sie **Autofahrten,** um Ihrem Gehirn kleine Erholungspausen von der Informations- und Reizüberflutung zu gönnen – ohne Handy, Internet, Beschallung und Lektüre.

Nutzen Sie **Wartesituationen,** um innezuhalten oder um sich eine Blitztankstelle zu gönnen.

Ziele

Erholungspausen einbauen. Nutzen Sie das Telefonklingeln, den Toilettengang und Wartesituationen ganz bewusst als Chancen für eine Mini-Erholungspause, um die Regie über Ihr Leben in der Hand zu behalten, aktiv für Ihre tägliche Balance zu sorgen und mehr Lebensqualität in Ihr tägliches Leben zu bringen.
Sie trainieren auf diese Weise bewusstes Abschalten – der Schlüssel zur Regeneration und für einen erholsamen Schlaf. Sie entwickeln im guten Kontakt zu sich selbst ein besseres Gespür dafür, was wirklich wichtig und für Sie stimmig ist.

Anwendungsbereiche

Tagtäglich, immer dann, wenn es passt.

Ulrike Pilz-Kusch: **60 Impulskarten Kraftvoll durch den Tag**
Illustrationen: Martina Lauterjung
 · ISBN 978-3-407-36639-9

Stärkende Tagesrituale

Positiv gestimmt einschlafen

Schenken Sie sich selbst und Ihrem Körper Ihre ganze freundliche Aufmerksamkeit. Schließen Sie Ihre Augen. Spüren Sie, wo Ihr Körper aufliegt. Erlauben Sie Ihrem Körper, sich ganz zu **entspannen** und alle Lasten an die Unterlage abzugeben. Atmen Sie bewusst alles »Verbrauchte« und Belastende des Tages aus.

Lassen Sie dann **wohlwollend** den **vergangenen Tag vor Ihrem inneren Auge Revue passieren.** Was haben Sie Schönes, Lebensbereicherndes erlebt, getan oder gesagt? Haben Sie sich einen Moment des Innehaltens gegönnt, jemandem ein Lächeln geschenkt, ein Problem gelöst, etwas Angenehmes erlebt, einen kleinen Schritt getan oder eine schwierige, herausfordernde Situation bewältigt oder einfach durchgestanden?

Wertschätzen Sie all die kleinen Dinge, die sich am Tag ereignet haben, bei denen Ihre positiven Qualitäten und Stärken zur Geltung kamen, auch wenn sie Ihnen noch so klein und unbedeutend vorkommen.

Vielleicht möchten Sie sich für alles Schöne und Angenehme **bedanken,** was Sie an diesem Tag erleben durften, was immer Ihnen in den Sinn kommt: die Sonne, ein angenehmes Gespräch, ein kleiner Spaziergang, Frieden, Gesundheit, ein Lächeln, ein Lob, eine Umarmung.

Ziele

Gut einschlafen, Selbstbewusstsein vertiefen und Ihren Blick auf das Positive trainieren. Wenn Sie im Bett liegen und das Licht gelöscht haben, können Sie Ihren Tag mit diesem Ritual wohltuend beenden und leichter positiv gestimmt einschlafen. Sie stärken damit nach und nach zudem Ihr Selbstbewusstsein und entwickeln eine positive Beziehung zu sich und Ihrem Leben.

Anwendungsbereiche

Tagtäglich vor dem Einschlafen. Dieses Ritual können Sie auch an andere Personen weitergeben: Kinder, Schulklassen, Seminarteilnehmer, Klienten, Freunde.

Ulrike Pilz-Kusch: **60 Impulskarten Kraftvoll durch den Tag**
Illustrationen: Martina Lauterjung

Stressumwandler

Vier Schritte zur Transformation

Erster Schritt »Stopp«: Sobald Sie akuten Stress oder Ärger in sich bemerken, steigen Sie aus Ihren schädlichen automatisierten Stressreaktionen und dem, was Sie tun, aus. Denken Sie sich oder sagen Sie sich laut: »Stopp!« Halten Sie einen Moment inne und kehren Sie mit Ihrer freundlichen Aufmerksamkeit zu sich selbst zurück. Wenn Sie sich in Kontakt mit anderen befinden, bleiben Sie mit einer Hälfte Ihrer Aufmerksamkeit bei den Gesprächspartnern, mit der anderen Hälfte kümmern Sie sich um sich, um abzukühlen.

Zweiter Schritt FreiRaum schaffen – Abstand gewinnen: Probieren Sie eine der FreiRaum-Übungen (Impulskarten 38 bis 44) aus, wie Sie am besten Abstand gewinnen und Abkühlen.

Dritter Schritt: Allem erlauben da zu sein, was ist:

- Was da sein darf, kann sich verändern.
- Fragen Sie sich, ob Sie den Stressempfindungen oder dem Ärger in Ihnen erlauben können, da zu sein (Impulskarte 45).

Vierter Schritt: Erkunden, was ist und jetzt wirklich voranbringt: Finden Sie mit einem der Erkundungsexperimente innerlich achtsam heraus: Was ist los? Was braucht es jetzt? Oder: Was könnte ein kleiner Schritt sein, der mich entlastet? Lassen Sie eine Weile die Fragen in sich wirken und horchen Sie in sich hinein, was kommt (Impulskarten 57 und 58).

Ziele

Die vier verschiedenen Schritte auf der Vorderseite dieser Impulskarte können – jeder für sich oder auch in Kombination – helfen, aus schädigenden Stressmustern, verengter Sicht und Negativität auszusteigen. Sie können so Abstand gewinnen und im Vollbesitz Ihrer Kräfte die Situation professionell und bewusst meistern. Anstehende Probleme können dann leichter und kreativer gelöst und der Fokus auf das wirklich Wichtige gerichtet werden.

Anwendungsbereiche

Während und außerhalb der Arbeit. Immer dann, wenn akuter Stress auftaucht, Ärger in Ihnen aufsteigt, ungute Gefühle oder Panik sich in Ihnen breitmachen und Sie zu beherrschen oder überfluten drohen, können die vier Schritte helfen, aus Verhaltensmustern auszusteigen, die Ihnen Kraft rauben. Der gewonnene Abstand hilft, wieder Zugang zu allen Ihren Kräften zu bekommen.

Ulrike Pilz-Kusch: **60 Impulskarten Kraftvoll durch den Tag**
Illustrationen: Martina Lauterjung
 · ISBN 978-3-407-36639-9

Stressumwandler

Stopp

Sobald Sie Stress, Ärger oder Wut in sich bemerken, die Sie zu beherrschen oder blockieren drohen, halten Sie an. Sagen Sie sich: »Stopp!« Steigen Sie ganz bewusst aus Ihren bisherigen Reaktionen auf Stress, Ärger oder Wut aus. Unterbrechen Sie das, was Sie gerade machen: arbeiten, schreiben, sich in negativen Gedanken verlieren oder im Meeting sitzen. Halten Sie einen Moment inne und kehren Sie mit Ihrer freundlichen Aufmerksamkeit zu sich zurück (Impulskarte 03). Atmen Sie kräftig Ihren Ärger aus (Impulskarte 39).

Wenn Sie in Kontakt mit anderen Menschen sind, kehren Sie mit der Hälfte Ihrer Aufmerksamkeit zu sich zurück, schweigen Sie und atmen Sie belastende Gedanken und Gefühle aus, um sich abzukühlen. Sie können auch den Raum verlassen: »Flüchten« Sie auf die Toilette, um nicht unprofessionell und unbeherrscht zu handeln, sodass Sie es hinterher bereuen.

Ziele
Die Kontrolle zurückgewinnen. Stress reduzieren. Ruhiger werden. Mit dem »Stopp« steigen Sie bewusst aus der belastenden Situation aus. Sie kühlen zuerst ab. Damit verhindern Sie unbeherrschte, unprofessionelle Handlungen, die andere verletzen und Sie hinterher bereuen könnten.

Anwendungsbereiche
Während und außerhalb der Arbeit, wenn akuter Stress, Ärger, starke negative Gedanken und Emotionen in Ihnen aufsteigen und Sie zu beherrschen oder überfluten drohen.

Bitte beachten
Um in der Lage zu sein, »Stopp« sagen zu können, ist es erforderlich, Ihre Stresssignale frühzeitig zu bemerken. Im Praxisübungsbuch »Burnout: Frühsignale erkennen – Kraft gewinnen« (Pilz-Kusch 2012) erfahren Sie, wie es Ihnen leichter gelingt, Ihre Signale zu bemerken und die Bremse zu ziehen, indem Sie mit Schlüssel 1 (Innehalten) und Schlüssel 2 (freundlich-fürsorgliche Selbstbeobachtung) ein Frühwarnsystem installieren (S. 144–148).

Ulrike Pilz-Kusch: **60 Impulskarten Kraftvoll durch den Tag**
Illustrationen: Martina Lauterjung

FreiRaum schaffen – wirksam entlasten

Durch das Schaffen von FreiRaum können Sie Ihre Belastungen wirksam im Außen und Innen reduzieren, Ihre Handlungsspielräume erweitern und Energie freisetzen. Wie dies im Außen gelingt, können Sie in »Burnout: Frühsignale erkennen – Kraft gewinnen« (2012) ab Seite 91 lesen.
Mit FreiRaum können Sie sich jederzeit auf angenehme Art einen lebensbejahenden Abstand zu allem verschaffen, was Sie belastet und daran hindert, sich auf das wirklich Wichtige zu konzentrieren. FreiRaum ist der zweite Schritt zu Ihrem inneren Kompass. Wenn wir mit den Problemen verschmelzen wie mit einem Denkmal, können wir sie nicht lösen, stellt Professor Eugene T. Gendlin, der Begründer des Focusing, fest.
Sorgen Sie zu Beginn des Arbeitstags und bei Stress für FreiRaum, um aus verengten Stressmustern auszusteigen, sich vor Burnout zu schützen und Probleme aus einem lebensbejahenden Abstand heraus im Vollbesitz Ihrer Kräfte leichter zu lösen.
Sie können einen Schritt zurücktreten, bis Sie aufatmen. Auf den folgenden Impulskarten 40 bis 46 finden Sie weitere Varianten, wie Sie innerlich Abstand und FreiRaum gewinnen.

Ziele
Mit FreiRaum (Schlüssel 3) können Sie sich jederzeit auf eine einfache, wohltuende Art »Luft« und einen guten Abstand zu allem verschaffen, was Ihnen im Erleben zu dicht »auf die Pelle« rückt und Sie daran hindert, sich auf das wirklich Wichtige und für Sie Stimmige zu konzentrieren.
Wann immer ein Problem, ein Gedanke, Gefühl oder eine Körperempfindung Sie zu beherrschen droht, halten Sie inne und sorgen Sie für FreiRaum, um wieder Herr oder Frau der Situation zu werden. So lösen Sie das Problem leichter im Vollbesitz Ihrer Kräfte.
Mit FreiRaum schaffen Sie Platz im inneren, überfüllten Raum (Eugene T. Gendlin).

Anwendungsbereiche
Dieses multifunktionale Schlüsselwerkzeug ist empfehlenswert in allen Lebenssituationen während und außerhalb der Arbeit. Manche Varianten wie das Partialisieren oder die Entlastungsatmung lassen sich auch im Kontakt mit anderen Menschen anwenden.

Bitte beachten
Es geht nicht darum, vor den Problemen zu fliehen oder Sie »weg haben zu wollen«, sondern es geht darum, einen lebensbejahenden Abstand herzustellen, um aus verengten, schädigenden Stressmustern auszusteigen und wieder Zugang zu allen Ressourcen zu gewinnen. So können Sie in Situationen professionell und beherrscht agieren. Und Sie können entscheiden, wann Sie sich dem Problem widmen – aus einem lebensbejahenden Abstand *und* in Kontakt mit ihm.

Ulrike Pilz-Kusch: **60 Impulskarten Kraftvoll durch den Tag**
Illustrationen: Martina Lauterjung

Entlastungsatmung

Finden Sie eine gemütliche Haltung. Atmen Sie durch die Nase unangestrengt ein und durch den leicht geöffneten Mund wieder aus … Lassen Sie sich in die Ausatmung hineinfallen und atmen Sie so lange aus, wie es geht.

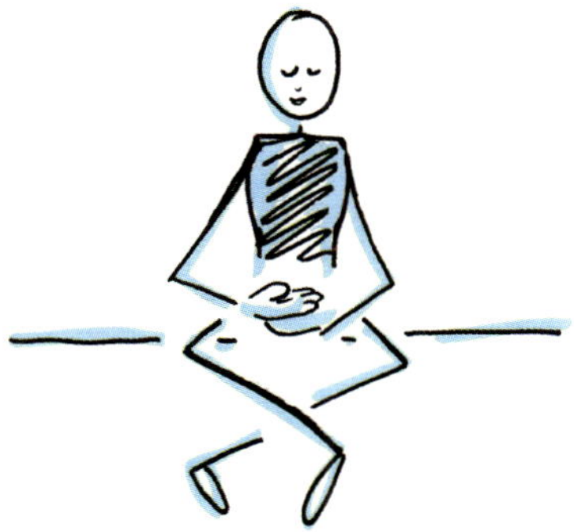

Lassen Sie die Einatmung ganz von allein unangestrengt wieder kommen … Dann beschäftigen Sie Ihren Verstand und sagen sich: »Einatmend nehme ich frische positive Energie in mich auf und all das, was ich brauche. – Ausatmend lasse ich alles Belastende, Ungelöste, Unerledigte und Negative aus meinem Körper weichen.« Diese Sätze wiederholen Sie mehrmals. Stellen Sie sich bei der Ausatmung vor, dass Sie alles, was Sie bedrückt, herausatmen und Ihr Inneres davon freimachen.
Machen Sie die Übung so lange, bis wie von selbst eine kleine Pause des Nichtatmens nach dem Ausatmen entsteht, in der sich Ihr vegetatives Nervensystem beruhigt, Ihr Atmen sich vertieft und verlangsamt hat und Sie sich etwas erleichtert fühlen.

Ziele

Bei Stress, innerer Unruhe, Herzrasen, Angst, Aufgeregtheit oder Ärger kann die gezielt verlängerte Ausatmung Ihnen in jeder Situation helfen, Ihre Gedanken und Gefühle zu beruhigen, Ihre Muskulatur zu entspannen und den Blutdruck zu senken. Indem Sie zusätzlich den Verstand beschäftigen und Ihre Probleme »ausatmen«, schaffen Sie FreiRaum, gewinnen Abstand und bekommen wieder Zugang zu allen Ihren Kräften.

Anwendungsbereiche

Diese multifunktionale Übung ist jederzeit und überall durchführbar: in allen Lebenssituationen, während und außerhalb der Arbeit und sogar im Kontakt mit anderen Menschen.

Bitte beachten

Atmen Sie durch die Nase ein, ohne sich anzustrengen. Atmen Sie ebenso mühelos so lange aus, wie es sich für Sie gut anfühlt, ohne sich zu verausgaben. Die Einatmung wird in der Regel kürzer als die Ausatmung. Der Entspannungseffekt setzt meist dann ein, wenn Sie in Ruhe abwarten, bis die Einatmung ganz von allein wiederkommt und Sie eine Pause des Nichtatmens nach dem Ausatmen bemerken. Dann entspannt sich das vegetative Nervensystem. Benutzen Sie die Worte, die sich für Sie stimmig anfühlen.

Ulrike Pilz-Kusch: **60 Impulskarten Kraftvoll durch den Tag**
Illustrationen: Martina Lauterjung

Stressumwandler

Stress abschütteln

Suchen Sie sich einen Ort, wo Sie unbeobachtet sind. In Notsituationen »flüchten« Sie sich auf die Toilette. Schütteln Sie Ihre im Körper aufgestaute negative Energie und negative Gedanken im wahrsten Sinne des Wortes ab oder heraus. Sie können das Unangenehme mit den Händen abschütteln, durch das Fenster hinausschicken oder den ganzen Körper beteiligen.

Stellen Sie sich locker und stabil hin. Schütteln Sie ganz unangestrengt Ihre belastenden Gedanken und Gefühle aus Ihrem Körper heraus, mit Bewegungen der Arme und Beine, die Ihnen guttun und Spaß machen, ohne sich anzustrengen. Lassen Sie Ihren Atem fließen, am besten mit leicht geöffnetem Mund. Überlassen Sie Ihrem Körper die Regie. Bleiben Sie locker in den Knien, schütteln Sie Ihre Hände, Arme und Beine aus.

Stellen Sie sich vor, alles Belastende weicht auf diese Weise aus Ihrem Körper und die negativen Gedanken, Gefühle, den Stress und den Ärger bringen Sie so auf Abstand. Wenn Sie die Übung zu Hause durchführen, kann flotte Musik unterstützend wirken. Sie können auch bei dieser Übung die Sätze so abändern, wie es in dieser Situation für Sie stimmig ist.

Ziele

Wenn Sie stressgeladen, wütend oder aufgewühlt sind, belastende Gedanken Sie plagen oder wenn Sie sich nach einer Anstrengung müde und energielos fühlen, kann diese befreiende und energetisierende Mini-Pause für Sie passend sein. Ihre angespannte Muskulatur wird gelockert und der Blutdruck gesenkt. Sie gewinnen Abstand und bekommen wieder Zugang zu allen Ihren Kräften.

Anwendungsbereiche

Diese Übung ist während der Arbeit, in der Pause und außerhalb der Arbeit in zehn bis 90 Sekunden oder länger allein durchführbar, wenn Sie sich kurz zurückziehen. Sie können diese Übung auch mit Teilnehmenden, Kindern und Klienten durchführen.

Bitte beachten

Strengen Sie sich bei dieser Übung nicht an. Entscheidend für die erfolgreiche Wirkung ist, dass Sie Ihre volle freundliche Aufmerksamkeit auf die Bewegungen Ihres Körpers richten und darauf, was Sie herausschütteln möchten. Überlassen Sie Ihrem Körper die Regie. Probieren Sie aus, was und wie es sich für Sie gut anfühlt. Und beschäftigen Sie Ihren Verstand, indem Sie sich vorstellen, den Stress und alle belastenden Gedanken und Empfindungen aus dem Körper weichen zu lassen und den inneren Raum freizumachen von allen Problemen.

Ulrike Pilz-Kusch: **60 Impulskarten Kraftvoll durch den Tag**
Illustrationen: Martina Lauterjung

Stressumwandler

Belastendes lustvoll wegschieben

Wenn Sie unbeobachtet sind, können Sie sich **wirkungsvoll entlasten** und sich Luft, FreiRaum und Lust verschaffen, indem Sie die **Bewegungen von Selbstverteidigern** imitieren und clownesk übertreiben, so wie es Ihnen Freude bereitet.

Finden Sie breitbeinig einen guten, festen Stand und bleiben Sie beweglich in den Knien. Schieben Sie Ihre Belastungen mit kräftigen Bewegungen der beiden Hände und gleichzeitig mit einem Bein von sich weg – **leicht, geschmeidig und freudvoll mit Humor.** Atmen Sie dabei kräftig aus, am besten mit einem Ton wie »pfff«. Stellen Sie sich dabei vor, welche Belastungen Sie ausatmen, mit den Händen wegschieben und mit den Füßen wegtreten. **Probieren Sie ganz unangestrengt und leicht lustvolle Selbstverteidigungstechniken aus,** sodass Ihr innerer Raum frei wird von den Situationen, die Sie belasten. Bringen Sie sie so auf Abstand, dass Sie sich innerlich freier fühlen.

Ziele

Wenn Sie etwas ärgert, wütend macht oder stark stresst und zu beherrschen droht, entlasten und befreien Sie sich innerlich mit dieser FreiRaum-Übung in wenigen Minuten. Sie bauen Stresshormone und negative Empfindungen ab. Sie schaffen den lebensbejahenden Abstand zu Ihren Problemen, den Sie benötigen, um diese im Vollbesitz Ihrer Fähigkeiten leichter zu lösen.

Anwendungsbereiche

In Ihren Pausen oder in Ihrer freien Zeit, wenn Sie unbeobachtet sind. Sie können auch einen Raum aufsuchen, in dem Sie ungestört sind. Diese Übung können Sie in Coachings, im Seminar, in der Kita und in der Klasse durchführen. Sie werden erleben, wie dies allen Spaß macht und gleichzeitig sehr entlastet.

Ulrike Pilz-Kusch: **60 Impulskarten Kraftvoll durch den Tag**
Illustrationen: Martina Lauterjung
 · ISBN 978-3-407-36639-9

Stressumwandler

Probleme herausstellen

Sie können vor oder in einer schwierigen Situation, in der Sie aktuelle Probleme oder belastende Gedanken ablenken, ganz da sein und professionell handeln, indem Sie Ihre »Baustellen« oder das, was Sie belastet, **aus Ihrem Körper herausstellen.** So gewinnen Sie in wenigen Sekunden **Frei-Raum und Abstand.**
Stellen Sie sich konkret vor, dass Sie Ihre akut sich bemerkbar machenden Probleme oder belastenden Empfindungen aus Ihrem Körper entnehmen und neben sich abstellen – so weit, bis Sie aufatmen können.

Wenn Ihre Gedanken beispielsweise während eines Vortrags, eines wichtigen Gesprächs oder eines Coachings abschweifen, stellen Sie alles, was Sie belastet und davon abhält, ganz da zu sein, aus Ihrem Körper heraus, **sodass Ihr innerer Raum frei wird** von den Belastungen und Sie sie so auf Abstand bringen, dass Sie sich innerlich freier fühlen.

Ziel

Diese FreiRaum-Übung schafft einen lebensbejahenden Abstand zu Ihren Problemen, wenn Sie in einer professionellen oder persönlich wichtigen Situation ganz da sein möchten – ohne Stress.

Anwendungsbereiche

In allen Situationen mit Menschen lässt sich diese Übung wirkungsvoll anwenden. Aber auch dann, wenn Sie allein sind und bemerken, dass Sie etwas davon abhält, sich ganz der anstehenden Aufgabe zu widmen, können Sie diese Übung praktizieren.
Vor allem in Coachings, vor Seminaren, Vorträgen, Webinaren und Gruppen, die Sie leiten, ist »Probleme herausstellen« eine wirkungsvolle Focusing-FreiRaum-Übung.

Variante

Sie können Ihre »Baustellen« auch weiter weg im Raum platzieren und beispielsweise ein Gefäß damit füllen. Oder Sie packen alles in ein Paket und schicken dieses so weit weg, bis Sie erleichtert aufatmen.

Ulrike Pilz-Kusch: **60 Impulskarten Kraftvoll durch den Tag**
Illustrationen: Martina Lauterjung

Stressumwandler

Lasten abgeben

Wenn Ihnen alles zu viel wird, die Dinge über den Kopf wachsen oder Sie zu überwältigen drohen, unterbrechen Sie Ihre Tätigkeit. **Stellen Sie sich aufrecht hin** – in den Knien beweglich – und lassen Sie die **Arme seitlich hängen.** Finden Sie einen guten, stabilen und lockeren Stand. Nehmen Sie den Boden mittels der Füße wahr. Spüren Sie ganz bewusst den Kontakt Ihrer Fußsohlen mit dem Boden und **geben Sie das ganze Gewicht Ihres Körpers an den Boden ab.**

Atmen Sie einige Male tief und locker mit leicht geöffnetem Mund so lange wie möglich aus. Warten Sie, bis der Einatem von selbst kommt. Bleiben Sie mit Ihrer Achtsamkeit bei Ihren Füßen. Stellen Sie sich vor Ihrem inneren Auge eine **weite Landschaft** vor, die Ihnen gerade entspricht: Wiesen, Berge, Meer oder Himmel. Dann **atmen Sie alles, was Sie belastet, in diese Weite hinaus.** Geben Sie alle Ihre Probleme und »Baustellen« an diese Landschaft ab, die das alles aufnehmen kann. Setzen Sie dies so lange fort, bis Sie innerlich **aufatmen und sich etwas freier fühlen.**

Ziel
Abstand zu Ihren Problemen und belastenden Situationen schaffen. Wenn Sie das Gefühl haben, dass Ihnen die Dinge über den Kopf wachsen, dass Sie schier den Überblick verlieren, oder dass Probleme Sie zu ersticken drohen, dann entlasten Sie sich mit dieser FreiRaum-Übung in wenigen Minuten. Sie schaffen den lebensbejahenden Abstand zu Ihren Problemen, den Sie benötigen, um diese im Vollbesitz Ihrer Fähigkeiten leichter lösen zu können.

Anwendungsbereiche
Während Ihres Arbeitstags oder in Ihrer freien Zeit.

Varianten
Sie können Ihre »Baustellen« auch an das Große und Ganze oder an das Universum abgeben. Die unendliche Weite kann alles aufnehmen.
Finden Sie heraus, was zu Ihnen passt.

Ulrike Pilz-Kusch: **60 Impulskarten Kraftvoll durch den Tag**
Illustrationen: Martina Lauterjung
 · ISBN 978-3-407-36639-9

Stressumwandler

Partialisieren

Machen Sie belastende Gedanken, Empfindungen oder Gefühle zu einem Teil. Sobald Sie bemerken, dass Ärger, Ungehaltensein oder Gereiztheit sich in Ihnen ausbreiten, sagen Sie sich »Aha, da ist jetzt Ärger (oder Ungehaltensein) in mir. Ein Teil oder etwas in mir ist genervt.« Dann gehen Sie folgendermaßen vor:

- Warten Sie, bis Sie in den Modus der bewussten, freundlichen Beobachterposition gewechselt sind.
- Machen Sie sich bewusst, dass Sie mehr sind als dieses Gefühl.
- Fragen Sie sich, ob Sie diesem Teil, der Ärger spürt, erlauben können, da zu sein. Vermutlich ist da auch ein Teil, der das nicht möchte. Fragen Sie sich, ob sie diesem auch gestatten können, da zu sein. Vielleicht können Sie dann schon ein wenig aufatmen.
- Wenden Sie sich nun diesem unliebsamen Teil neugierig-erkundend zu. Leisten sie ihm eine Weile etwas Gesellschaft. Vielleicht möchten Sie erkunden, wie sich dieser Teil in Ihnen fühlt … Vielleicht gelingt es Ihnen, ihm mit neugierigen, »warmen« Augen interessiert, mitfühlend und verständnisvoll Zuwendung zu schenken. Machen Sie sich bewusst, dass Sie mehr sind als dieses Unwohlsein.
- Achten Sie darauf, was sich in Ihnen verändert. Sie können den bedürftigen Teil auch fragen: Was brauchst du? Was wünschst du dir?

Ziel

Partialisieren hilft, Sie in eine bewusste Beobachterposition und die problematischen Empfindungen auf Abstand zu bringen. Auf diese Weise entziehen Sie den belastenden Teilen die Herrschaft über Sie. In beruflichen Situationen hilft das, unprofessionelles Kurzschlussverhalten zu vermeiden.
Machen Sie sich bewusst, dass Sie viel mehr sind als diese vorüberziehenden Gedanken, Gefühle und Empfindungen. Denn: Die Gedanken verändern sich meist sehr rasch wieder, wenn Sie ihnen mit dem vierten Focusing-Schlüsselwerkzeug (Allem erlauben, da zu sein) gestatten, da zu sein.

Anwendungsbereiche

In allen Situationen des Lebens, wenn belastende Gedanken, Körperempfindungen oder Gefühle Sie stressen oder zu beherrschen drohen.
Partialisieren ist auch eine sehr gute Übung für Ihre Klienten, Seminarteilnehmer, Schulklassen und andere mehr.

Ulrike Pilz-Kusch: **60 Impulskarten Kraftvoll durch den Tag**
Illustrationen: Martina Lauterjung
 · ISBN 978-3-407-36639-9

Stressumwandler

Allem erlauben, da zu sein

Sobald sich etwas Unangenehmes wie Unruhe oder Ärger in Ihnen ausbreitet, halten Sie inne und leisten Sie **dem inneren Unwohlsein eine Weile offen erkundend und freundlich Gesellschaft.** Sagen Sie sich »Aha, da ist jetzt Unruhe oder Ärger in mir. Etwas in mir fühlt sich unruhig oder ungehalten an.«

Machen Sie sich im Modus der Beobachterposition bewusst, dass Sie mehr sind als dieses Gefühl. Fragen Sie: **»Kann ich diesem Teil in mir erlauben, da zu sein?«** Vermutlich macht sich etwas in Ihnen bemerkbar, das das nicht möchte. Fragen Sie sich: **»Kann ich diesem Teil gestatten, da zu sein?«** Vielleicht können Sie dann schon etwas aufatmen, wenn Ihnen das ein wenig gelingt. Warten Sie ab und schauen Sie, was sich verändert, wenn Sie dieses »begrenzt reizvolle« Teil-Erleben einfach da sein lassen können.

Ziele

So paradox es klingt: Die »Dinge« ändern sich in uns, wenn wir sie zulassen, sie also gar nicht verändern wollen. Kombinieren Sie dieses Schlüsselwerkzeug »Allem erlauben, da zu sein« mit dem »Partialisieren« (Impulskarte 44). Diese Übungen haben sich als einfaches und wirkungsvolles Instrument erwiesen, aus schädigenden Stressmustern auszusteigen. Damit können Sie üben, belastende Gedanken und Gefühle auf Abstand zu bringen, sodass Sie aufatmen und klarer denken und handeln können, statt sich davon beherrschen zu lassen.

Anwendungsbereiche

Diese Übung ist überall durchführbar.

Ulrike Pilz-Kusch: **60 Impulskarten Kraftvoll durch den Tag**
Illustrationen: Martina Lauterjung
© Beltz Verlag · Weinheim und Basel · ISBN 978-3-407-36639-9

Stressumwandler

Beobachten statt bewerten

Im Stress ist der Fokus meist auf das Negative gerichtet. Negative Gedanken und Bewertungen wirken stressverstärkend.

Probieren Sie aus, wie es ist, wenn Sie anstatt sich selbst, die Situation oder andere Personen negativ zu bewerten (»Schlimm, schrecklich … Geht gar nicht … Ist ja unmöglich!«) in den **Modus der bewussten freundlichen Beobachterposition** wechseln.

Erkunden Sie in der annehmenden, offen-unvoreingenommenen Haltung wie kleine Kinder mit einem Forschergeist neugierig und unvoreingenommen: »Was ist los? … Was könnte jetzt hilfreich sein?« Ohne zu bewerten und zu verurteilen, schaffen Sie so Abstand zum Erleben und finden heraus, was Sie belastet.

Ziel
Stressverstärkende Gedanken abbauen und herausfinden, was Sie wirklich plagt und was jetzt hilfreich sein könnte. Durch die bewusste Beobachterposition steigen Sie aus schädlichen Stressreaktionen aus und erkunden konstruktiv, was Sie wirklich voranbringt.

Anwendungsbereiche
Während und außerhalb der Arbeit in allen Situationen des Lebens, wenn sich abwertende und negative Gedanken bemerkbar machen.

Bitte beachten
Achten Sie auf die annehmende, absichtslose und achtsame Focusing-Haltung und lassen Sie Ihrem Inneren Zeit, um Antworten aus Ihrem Körper zu bekommen.
Sie können diese Übung auch kombinieren mit einem der Erkundungsexperimente (beispielsweise Impulskarten 57 und 58).

Ulrike Pilz-Kusch: **60 Impulskarten Kraftvoll durch den Tag**
Illustrationen: Martina Lauterjung

Stressumwandler

Zuwendung schenken

Probieren Sie mit dieser Impulskarte aus, Ihren unguten Gefühlen oder Gedanken offen und freundlich eine Weile Gesellschaft zu leisten, anstatt davor zu flüchten oder sie zu bekämpfen.

Erkunden Sie, wie sich diese Teile in Ihnen fühlen. Wenden Sie sich Ihnen **wie einem verletzten Kind** zu. Zeigen Sie **Mitgefühl und Verständnis, schenken Sie Zuwendung.** Vielleicht mögen Sie ihnen sogar zulächeln.
Was verändert sich in Ihrem inneren Erleben, wenn Ihnen das ein klein wenig gelingt? Sie können auch fragen: »Was brauchst du? Was wünschst du dir?«
Lassen Sie Ihrem Inneren Zeit und warten Sie in Ruhe ab, ob sich etwas in Ihnen bemerkbar macht … und was das genau ist.

Ziel
Frei werden von Belastungen. Manchmal reicht es, den unangenehmen Gedanken oder Empfindungen in uns einfach nur Zuwendung und Mitgefühl zu schenken. Meist werden sie dann kleiner und verändern sich schneller, als wir das vermutet hätten.

Anwendungsbereiche
Diese Übung ist überall durchführbar.

Variante
Sie können die unguten Empfindungen auch in den Arm nehmen oder vor sich auf den Schoß setzen und anteilnehmend erkunden, wie es ihnen geht und was sie genau benötigen.

Ulrike Pilz-Kusch: **60 Impulskarten Kraftvoll durch den Tag**
Illustrationen: Martina Lauterjung
 · ISBN 978-3-407-36639-9

Stressumwandler

Fokus auf das, was voranbringt

Machen Sie es Ihrem Körper gemütlich. Spüren Sie Ihren Körper in aller Ruhe. Geben Sie Ihre Lasten an Boden und Unterlage ab. Atmen Sie kräftig aus. Bleiben Sie mit der Hälfte Ihrer Aufmerksamkeit bei den Berührungspunkten Ihres Körpers. Lassen Sie vor Ihrem inneren Auge die ganze belastende Situation in einem guten Abstand auf einer großen Leinwand entstehen und eine Weile auf sich wirken.

Atmen Sie dabei gut aus. Probieren Sie aus, wie es für Sie ist, wenn Sie die Situation mit den warmen, wohlwollenden Augen eines guten Freundes oder einer guten Freundin von außen betrachten. Was nehmen Sie wahr? Wie wirken Sie auf sich? … Treten Sie einen Schritt zurück. Wie ist es, wenn Sie aus der eher passiv-leidenden, verurteilenden in eine aktive, mitfühlende Beobachterposition wechseln. Lassen Sie das Unklare der ganzen Situation eine Weile auf sich wirken und achten Sie auf Ihre innere Resonanz. Fragen Sie sich: Was könnte in dieser Situation hilfreich sein und wirklich voranbringen? … Lassen Sie sich Zeit. Warten Sie neugierig-offen und geduldig, was Ihnen in den Sinn kommt.

Ziel

Aufmerksamkeit auf das richten, was Sie wirklich voranbringt. Der Fokus ist in schwierigen Situationen unbewusst meist eher auf das Negative gerichtet. Mit dieser Übung zum Schlüssel 5 (Den Fokus auf das lenken, was stärkt und voranbringt) verabschieden Sie sich von kräftezehrender Negativbrille und Schwarzseherei und richten die Aufmerksamkeit gezielt auf das, was Sie wieder in Ihre Kraft bringt.
Mit Schlüssel 1 (Innehalten) und 2 (Selbstbeobachtung) lernen Sie zu bemerken, wenn Sie sich im Stress in belastenden Gedanken oder Gefühlen verlieren. Dann haben Sie die Wahl, aus schädigenden Stressmustern auszusteigen.

Anwendungsbereiche

In Pausen während und außerhalb der Arbeit, wenn Sie sich blockiert oder gestresst fühlen und Ihr Fokus eher auf das Negative gerichtet ist.

Ulrike Pilz-Kusch: **60 Impulskarten Kraftvoll durch den Tag**
Illustrationen: Martina Lauterjung
 · ISBN 978-3-407-36639-9

Stressumwandler

Sich mental stärken

Sobald unangenehme Gedanken oder Gefühle Sie plagen, Sie schlecht drauf, gestresst oder verzweifelt sind, können Sie sich selbst mental und emotional mit **Mutmachsätzen** stärken.
Spüren Sie in sich hinein, welcher passend für Sie ist und Sie anspricht. Oder kreieren Sie sich einen eigenen Satz, der für Sie stimmt.

Bei Stress:

- »Ruhig Blut. Ganz ruhig. Eines nach dem anderen.«
- »Es wird alles gut. Du schaffst das.«
- »Es findet sich immer eine Lösung.«
- »Es gibt immer mehr als zwei Möglichkeiten.«

Bei unvorhergesehenen ärgerlichen oder tragischen Ereignissen:

- »Wer weiß, wofür das gut ist?«
- »Das geht auch vorüber.«

Bei selbstabwertenden und verurteilenden Gedanken:

- »Du bist so gut, wie du bist.«
- »Alles ist okay, du kannst das.«
- »Du schaffst das.«

Wenn Ihnen etwas misslingt:

- »Du darfst auch Fehler machen.«

Ziel
Sich selbst stärken und aufmuntern. Negative Gedanken, Zukunftsängste und Schwarzseherei ziehen Energie ab, bringen Ihre Stimmung in den Keller und Sie keinen Schritt einer Lösung näher. Stärkende Mutmachsätze stabilisieren Sie mental und emotional und machen Sie handlungsfähig.

Anwendungsbereiche
In allen Situationen des Lebens, in denen Sie sich gestresst, ärgerlich, verzweifelt fühlen und Sie negative Gedanken und Empfindungen plagen.

Variante
Sie können die selbststärkenden Mutmachsätze in Stress- und Paniksituationen mit der verlängerten Ausatmung kombinieren, um sich schneller zu beruhigen und Ihre Handlungsstärke zurückzugewinnen.

Ulrike Pilz-Kusch: **60 Impulskarten Kraftvoll durch den Tag**
Illustrationen: Martina Lauterjung

Stressumwandler

Schutzglocke

Stellen Sie sich vor, dass Sie eine gläserne Schutzglocke umgibt, wenn Zeitgenossen in herausfordernden Situationen ihren Stress, ihren Ärger oder ihre Aggressivität an Ihnen auslassen. An dieser Schutzglocke prallen alle Anschuldigungen und aggressiven Bemerkungen ab.

Schweigen Sie, um die aufgebrachte Person zunächst »abdampfen« zu lassen. Anschließend können Sie professionell agieren. Atmen Sie einige Male tief durch, kehren Sie mit der Hälfte Ihrer Aufmerksamkeit zu sich zurück und sagen Sie sich einen selbststärkenden Satz wie beispielsweise: »Ruhig Blut. Ich lasse mich durch nichts aus der Fassung bringen.« Oder: »Ich bleibe ganz ruhig.«

Hören Sie nicht zu sehr auf die negativen Worte der anderen Person und lassen Sie sie an der Glasglocke abprallen. Sie können anschließend Verständnis signalisieren, auch wenn Sie den Anschuldigungen nicht zustimmen: »Ich höre, dass Sie sich geärgert haben …«

Erst wenn die aufgebrachte Person sich in ihrem Ärger verstanden fühlt, besteht die Chance, dass diese bereit ist, Ihren sachlichen Argumenten zuzuhören.

Ziele
Aggressivität, Ärger und ungerechter Kritik wirkungsvoll und professionell begegnen. Um in schwierigen Situationen nicht unbeherrscht, gereizt oder unprofessionell auf gestresste, gereizte Zeitgenossen zu reagieren, hilft es, diese zunächst »abdampfen« zu lassen, zu schweigen und tief durchzuatmen. Danach können Sie viel ruhiger und gelassener auf das Gesagte reagieren.

Anwendungsbereiche
In allen Situationen des Lebens, in denen andere etwas von Ihnen wollen oder Menschen Ihren Ärger oder Stress an Ihnen auslassen.

Ulrike Pilz-Kusch: **60 Impulskarten Kraftvoll durch den Tag**
Illustrationen: Martina Lauterjung
 · ISBN 978-3-407-36639-9

Erkundungs-experimente

Drei Schritte zum inneren Kompass

- **Erster Schritt: Bei sich, im eigenen Körper ankommen:** Nehmen Sie bewusst die Kontaktflächen Ihres Körpers mit Boden oder Unterlage sowie Ihren Atemstrom spürend wahr.
- **Zweiter Schritt: FreiRaum schaffen:** Stellen Sie mit einer FreiRaum-Übung einen lebensbejahenden Abstand zur Situation oder dem Thema her, wozu Sie eine Antwort aus Ihrem Inneren bekommen möchten.
- **Dritter Schritt: Aufmerksamkeit nach innen richten:** Spüren Sie freundlich unvoreingenommen in sich hinein, wie sich die Resonanz zu dem Unklaren der Situation oder des Themas als Ganzes gerade in Ihrem Körper anfühlt. … Stellen Sie Ihrem Inneren eine Frage und lassen sie sie eine Weile in sich wirken. Verweilen Sie mit Ihrer inneren körperlichen Resonanz, mit dem im Brust-Bauch-Raum noch vage Gespürten hierzu in der Focusing-Haltung: wohlwollend, achtsam und offen neugierig.

Ziele

Mit Mini-Focusing (Schlüssel 6) erhalten Sie in unklaren und komplexen Situationen in kurzer Zeit Zugang zu Ihrem inneren Kompass und Klarheit, was im Augenblick für Sie richtig und stimmig ist. Mit den drei Schritten auf der Vorderseite aktivieren Sie über den Verstand hinaus ungenutzte tiefere Ressourcen der gesamten Intelligenz Ihres Organismus. So können Sie stimmige Erkenntnis-, Handlungs- oder Lösungsschritte aus Ihrem Körper kommen lassen, die Sie körperlich aufatmen lassen, erleichtern, sich gut anfühlen und Sie wirklich voranbringen. Weiterführende Informationen und Anregungen finden Sie im Praxisübungsbuch »Burnout: Frühsignale erkennen – Kraft gewinnen« (2012) auf den Seiten 34–40 und 111–121.

Anwendungsbereiche

Während und außerhalb der Arbeit – in allen Situationen des Lebens. Immer dann, wenn Ihnen in konkreten Situationen etwas unklar ist, Sie nicht genau wissen, was jetzt für Sie richtig oder wichtig ist, was Sie blockiert oder stresst, was der nächste Schritt ist und Sie jetzt wirklich voranbringt. Oder wenn irgendetwas nicht mehr stimmt und rundläuft.

Bitte beachten

Um Zugang zum inneren Kompass und Klarheit zu bekommen, ist es wichtig, Ihren Körper zu spüren (erster Schritt, Schlüssel 1), Frei-Raum zu schaffen (zweiter Schritt, Schlüssel 3) und in der Focusing-Haltung der inneren körperlichen Resonanz (dem Felt Sense) zum Thema (dritter Schritt) eine Weile freundlich Gesellschaft zu leisten: annehmend, aufmerksam und absichtslos.

Ulrike Pilz-Kusch: **60 Impulskarten Kraftvoll durch den Tag**
Illustrationen: Martina Lauterjung
 · ISBN 978-3-407-36639-9

Erkundungsexperimente

Kraftinseln im Alltag entdecken

Beobachten Sie sich selbst in Ihrem Alltag: morgens im kuschelig warmen Bett, im Bad, beim Frühstück, auf dem Weg zur Arbeit, in Ihrem unmittelbaren Umfeld. Was erfreut Ihre Sinne, Ihren Körper und Ihr Gemüt?
Gehen Sie auf Spurensuche: zu Hause, unterwegs zur Arbeit, in der Natur, in Ihrem menschlichen Umfeld. An welchen Orten entdecken Sie kleine und winzige Kraftinseln, die Ihrem Körper, Ihrem Herzen und Ihrem Geist guttun?

Was inspiriert und **energetisiert** Sie in der Arbeit, am Feierabend, am Wochenende und im Urlaub? Was lässt Ihr Herz höher schlagen? Was lässt Sie **entspannen,** sich **wohlfühlen** und die **Arbeit vergessen?** In welchen Tätigkeiten gehen Sie auf? Was können Sie so richtig mit allen Sinnen **genießen** – sei es nur für einen ganz kurzen Moment?
Erkunden Sie, mit welchen Menschen Sie so sein können, wie Sie sind: Mit wem fühlen Sie sich wohl? Wer unterstützt und inspiriert Sie? Spüren Sie in sich hinein, wie gut und stimmig es sich anfühlt.

Ziel

Neue Kraftinseln in Ihrem Alltag entdecken – selbst ganz winzige. Sie erweitern Ihr Repertoire und Ihre Möglichkeiten, an verschiedenen Orten und in den unterschiedlichsten Alltagssituationen jederzeit Kraft und Schönes zu tanken.

Anwendungsbereiche

Während, außerhalb und nach der Arbeit, in der Pause, in der Freizeit, am Wochenende und im Urlaub.

Bitte beachten

Damit Sie einen wirkungsvollen Zugang zum inneren Kompass bekommen, um herauszufinden, was Sie gerade benötigen, ist es wichtig, Ihren Körper zu spüren, FreiRaum zu schaffen und in der Focusing-Haltung sich dem Nichtwissen zu öffnen. Das bedeutet: Begegnen Sie dem eigenen inneren Erleben unvoreingenommen in der Focusing-Haltung: annehmend, achtsam und absichtslos.

Ulrike Pilz-Kusch: **60 Impulskarten Kraftvoll durch den Tag**
Illustrationen: Martina Lauterjung

Erkundungs-experimente

Welche Tankstelle ist jetzt »richtig«?

Wenn Sie nicht genau wissen, was Ihnen in diesem Augenblick guttut, halten Sie inne. Kehren Sie mit Ihrer Aufmerksamkeit nach innen. Nehmen Sie sich freundlich körperlich-spürend wahr. Atmen Sie gut und vollständig alle verbrauchte Luft und alles Belastende aus. Spüren Sie in Ihren Körper hinein und fragen Sie sich: **Wonach ist mir jetzt? Was brauchen mein Körper und meine Seele in diesem Moment?** Lassen Sie Ihrem Inneren eine Weile Zeit.

Horchen Sie aufmerksam in sich hinein. Lassen Sie sich überraschen, ob und was für ein Impuls kommt. Wenn nichts kommt, können Sie sich auch gezielt fragen: Möchte Stress abgeschüttelt und mein Körper bewegt werden? Zieht es mich nach draußen in die Natur oder eher in die Waagerechte? Ist mir eher nach Spazierengehen oder nach Nichtstun und Ausruhen? Sehne ich mich nach Stille oder Alleinsein oder dem Zusammensein mit einem lieben Menschen? Oder was braucht es sonst? Lassen Sie jede Frage eine Weile in sich wirken und achten Sie auf Ihre innere Resonanz. Wenn kein Impuls kommt, probieren Sie spielerisch aus, was stimmt (s. Impulskarte Nr. 58).

Ziel
Sie sollen erfahren, welche Art von Tankstelle Ihr Organismus jetzt benötigt, was Ihnen hilft und Unterstützung gibt.

Anwendungsbereiche
In der Pause, am Feierabend, am Wochenende und im Urlaub, wenn Ihnen unklar ist, welche Krafttankstelle Ihnen jetzt wirklich guttut und was für Sie in diesem Augenblick stimmig ist.

Bitte beachten
Wie bei den anderen Erkundungsexperimenten ist es wichtig, dass Sie Ihren Körper spüren, um Zugang zum inneren Kompass zu bekommen, dass Sie FreiRaum schaffen und in Focusing-Haltung gehen. Denn nur so können Sie zuverlässig herausfinden, was Ihnen tatsächlich hilft und für Sie stimmig ist. Erkunden Sie annehmend, achtsam und absichtslos, was aus Ihrem Inneren auftaucht. Wichtig ist zudem, die Fragen eine Zeit lang in sich wirken zu lassen.

Ulrike Pilz-Kusch: **60 Impulskarten Kraftvoll durch den Tag**
Illustrationen: Martina Lauterjung
 ISBN 978-3-407-36639-9

Erkundungs-experimente

Wie schalte ich jetzt ab?

Erkunden Sie unvoreingenommen, in der offenen, absichtslosen und achtsamen **Focusing-Haltung,** was genau Ihnen jetzt hilft, Abstand zu gewinnen und den Kopf freizubekommen. Finden Sie heraus, inwieweit **Ihr Körper, Ihr Atem, Ihre Sinne, Ihre Stimme oder Klänge** Sie dabei unterstützen können, indem Sie sich jeweils darauf konzentrieren. Sie können auch freundlich-erkundend **in Ihren Körper hineinspüren** und fragen: Was brauche ich gerade?

Sie können Ihrem **Körper die Regie überlassen** und mit kleinen Bewegungen ausprobieren, wie Sie Anspannung gehen lassen können. Was möchte gedehnt oder gelockert werden? Oder möchte das Gewicht Ihres Körpers einfach abgelegt werden und Ihr Körper sich ein paar Minuten ausruhen? Vielleicht möchten Sie sich anlehnen, Ihre Augen schließen und sich erlauben, einen Moment lang nichts zu tun.

Sie können auch **eine der Blitztankstellen ausprobieren.** Spüren Sie freundlich erkundend in Ihren Körper hinein und fragen Sie Richtung Körpermitte: Was braucht es jetzt? Warten Sie dann in aller Ruhe ab. Lassen Sie sich überraschen, was sich aus Ihrem Inneren bemerkbar macht. Gestatten Sie sich, dass Sie nichts herausfinden müssen. Statt sich zu verurteilen, wenn nichts kommt, probieren Sie spielerisch aus, was passt (Impulskarte 58).

Ziel
Sie finden heraus, wie Sie in den jeweiligen Momenten und Situationen am besten abschalten können.

Anwendungsbereiche
In der Pause, am Feierabend, am Wochenende und im Urlaub.
Immer dann, wenn Sie nicht genau wissen, wie Sie jetzt am besten abschalten können, was Ihnen bei der Entspannung hilft.

Bitte beachten
Spüren Sie in Ihren Körper, schaffen Sie sich FreiRaum, gehen Sie in Focusing-Haltung. Fragen Sie Ihren inneren Kompass, was Sie dabei unterstützt wirkungsvoll abzuschalten. Seien Sie neugierig auf das, was kommt.
Und wenn nichts passiert, dann haben Sie schon allein durch dieses Nachspüren, dieses In-sich-Hineingehen den ersten Schritt zum Abschalten gemacht. Das hilft bisweilen bereits.
Wichtig ist, stets annehmend, achtsam und absichtslos zu bleiben.

Ulrike Pilz-Kusch: **60 Impulskarten Kraftvoll durch den Tag**
Illustrationen: Martina Lauterjung

Erkundungsexperimente

Wie stimmt es?

Das *Wie* ist für die Qualität Ihres Erlebens und Ihrer Erholung ebenso wichtig und oft wichtiger als das, *was* Sie tun. Experimentieren Sie bei Ihren verschiedenen Arbeits- oder Erholungsaktivitäten mit dem Wie.
Mit welcher **»Brille«** und in welcher **Haltung** sind Sie »unterwegs«? Wie fühlt es sich an, wenn Sie sich und Ihr Umfeld mit wohlwollenden und unvoreingenommen entdeckerfreudigen – statt kritischen – Augen anschauen? Welches **Tempo,** welcher **Energielevel,** welches **Maß** und welcher **Rhythmus** tun Ihnen beim Gehen, beim Arbeiten, beim Sport und Pausemachen, am Wochenende und im Urlaub jeweils gut? Worauf richten Sie Ihre **Aufmerksamkeit?** Auf das, was nicht so klappt? Oder auf das, was gut geht, Ihnen guttut und Sie inspiriert? Wie fühlt es sich an, wenn Sie **in diesem Moment ganz da sind** – vom Beginn einer Bewegung bis zum Ende – und sich dabei und Ihre innere Resonanz spüren?
Erkunden Sie, **welche Art und Weise** des Ausführens von Tätigkeiten Ihnen gut bekommt und **welches Maß** für Sie stimmt – bei der Arbeit, beim Sport, bei der Gartenarbeit … und wann Sie eine Pause benötigen. »Spielen« Sie mit verschiedenen Energieleveln, Tempi, Maßeinheiten und Haltungen. Schreiben Sie Ihre Entdeckungen auf.
Achten Sie auf Ihre innere Resonanz: Wie fühlt es sich an, wenn Sie Ihren inneren Impulsen folgen?

Ziel
Die Erholungsqualität, Ihr Wohlbefinden und die Ergebnisqualität Ihrer Aktivitäten hängen entscheidend davon ab, wie stimmig Sie sie ausführen. Daher ist es grundlegend, herauszufinden, ob die Geschwindigkeit, der Energielevel, Ihre Präsenz und Haltung Ihrem Inneren entsprechen.

Anwendungsbereiche
Sowohl in Pausen, am Feierabend, am Wochenende und im Urlaub als auch bei der Arbeit.

Bitte beachten
Auch hier gilt: Um Zugang zum inneren Kompass zu bekommen und herauszufinden, was Sie benötigen, ist es wichtig, Ihren Körper zu spüren und aus dem FreiRaum heraus in der Focusing-Haltung sich dem Nichtwissen zu öffnen, also das eigene innere Erleben unvoreingenommen annehmen und ihm achtsam und absichtslos eine Zeit lang Aufmerksamkeit schenken.

Ulrike Pilz-Kusch: **60 Impulskarten Kraftvoll durch den Tag**
Illustrationen: Martina Lauterjung
 · ISBN 978-3-407-36639-9

Erkundungsexperimente

Was bringt wirklich voran?

Machen Sie es Ihrem Körper focusingorientiert gemütlich und spüren Sie bewusst den Halt des Bodens und der Unterlage unter Ihrem Körper. Atmen Sie kräftig und gut aus. Fragen Sie Richtung Körpermitte: **Was bringt mich jetzt wirklich voran?**
Warten Sie interessiert und geduldig mehrere Sekunden bis zu einer Minute, was vielleicht auftaucht. Gestatten Sie sich, dass auch nichts passieren darf. Was geschieht in Ihnen? Bleiben Sie mit der Aufmerksamkeit im Brust-Bauch-Raum. Was spüren Sie da?
Sie können auch Richtung Körpermitte folgende Fragen in sich fallen und wirken lassen: **Was könnte ein kleiner Schritt sein, der mich entlastet?** Oder: **Was kann verschoben, abgesagt werden?** Oder: **Wie kann ich es mir leichter machen?**
Lassen Sie Ihrem Inneren Zeit. Diskutieren Sie nicht innerlich. Spüren Sie in Ihren Körper offen, neugierig, erkundend hinein. Wo genau spüren Sie etwas? Bleiben Sie dabei. Wie fühlt es sich genau an? Vielleicht steigt zunächst ein noch unklares Bild auf. Beobachten Sie genau, was in Ihnen geschieht. Lassen Sie sich überraschen, ob Worte oder ein überraschender Handlungs- oder Lösungsimpuls aus Ihrem Körper kommt. Egal was kommt, heißen Sie es willkommen. Verzagen Sie nicht, wenn kein Impuls kommt. Wiederholen Sie die Übung zu einem günstigeren Zeitpunkt oder lassen Sie sich mehr Zeit. Es braucht Übung.

Ziel

Mit Mini-Focusing (Schlüssel 6) können Sie innere Klarheit gewinnen und Ihren inneren Kompass gezielt befragen, was Sie in schwierigen oder stressigen Situationen wirklich weiterbringt und was Sie tatsächlich entlastet.

Anwendungsbereiche

Auf der Arbeit, in Pausen, am Feierabend, am Wochenende und im Urlaub. Immer dann, wenn Ihnen etwas unklar ist, Sie im Nebel stochern oder hin und her gerissen sind, hilft dieses Erkundungsexperiment weiter.

Bitte beachten

Wie bei allen Erkundungsexperimenten spielt Ihr Körper eine wichtige Rolle, um Zugang zum inneren Kompass zu bekommen. Spüren Sie in sich hinein, schaffen Sie FreiRaum und gehen Sie in die Focusing-Haltung. Die Signale, die kommen, bringen Sie voran. Bleiben Sie neugierig, vermeiden Sie Bewertungen. Annehmend, achtsam, absichtslos – das hilft.

Ulrike Pilz-Kusch: **60 Impulskarten Kraftvoll durch den Tag**
Illustrationen: Martina Lauterjung

Erkundungs-experimente

Was ist los?

Wenn Sie verwirrt, gestresst, ungehalten sind oder Sie etwas blockiert, machen Sie es Ihrem Körper focusingorientiert gemütlich. Spüren Sie bewusst Ihren Körper und Ihren Atmen. **Sorgen Sie für FreiRaum.**

Dann fragen Sie Richtung Körpermitte: **Was ist los? Was steht dem im Wege?** Oder: **Was möchte verändert werden?** Lassen Sie Ihrem Inneren Zeit. Warten Sie mehrere Sekunden bis zu einer Minute ab, ob sich etwas und was sich bemerkbar macht. Wenn nichts passiert, ist das auch in Ordnung. **»Lauschen« Sie:** Was geschieht in Ihnen? Bleiben Sie mit Ihrer ganzen Aufmerksamkeit im Brust-Bauch-Raum: Welche innere Resonanz spüren Sie? Alles darf sein. Bleiben Sie interessiert und geduldig.

Als Nächstes können Sie Richtung Körpermitte fragen: **Was könnte ein kleiner Schritt sein, der mich entlastet?** Oder: **Wie kann ich es mir leichter machen?** Lassen Sie auch diese Fragen eine Weile in sich wirken. Keine innerlichen Diskussionen! Einfach offen, neugierig erkundend Ihren Körper wahrnehmen. Wo spüren Sie etwas? Verweilen Sie dort. Wie fühlt es sich genau an? Vielleicht steigt ein noch unklares, diffuses Bild auf. Beobachten Sie aufmerksam, was in Ihnen geschieht. Lassen Sie sich überraschen, ob Worte oder ein überraschender Handlungs- oder Lösungsimpuls aus Ihrem Körper kommen. Heißen Sie alles willkommen. Es ist auch in Ordnung, wenn nichts auftaucht.

Ziel
Mit dem sechsten Schlüssel »Mini-Focusing« können Sie innere Klarheit gewinnen und Ihren inneren Kompass gezielt befragen, was Sie im Moment stresst, verwirrt oder ungehalten macht oder Sie blockiert.

Anwendungsbereiche
Sowohl auf der Arbeit – vor allem in Pausen – als auch am Feierabend, am Wochenende oder im Urlaub können Sie dieses Erkundungsexperiment machen, wenn Ihnen etwas unklar ist.

Bitte beachten
Wenn kein deutlicher Impuls kommt, verzagen Sie nicht. Wiederholen Sie die Übung zu einem günstigeren Zeitpunkt oder lassen Sie sich mehr Zeit. Es braucht Übung, Zugang zum inneren Kompass zu bekommen. Bei manchen klappt es sofort, bei anderen später. Wichtig ist der Kontakt zu Ihrem Körper. Denn nur wenn Sie in ihn hineinspüren, erhalten Sie Zugang zum inneren Kompass, der dabei hilft, herauszufinden, was genau passiert.
Also: Körper spüren, FreiRaum schaffen, Focusing-Haltung einnehmen, sich dem Nichtwissen öffnen, das eigene innere Erleben annehmen – unvoreingenommen, achtsam und absichtslos.

Ulrike Pilz-Kusch: **60 Impulskarten Kraftvoll durch den Tag**
Illustrationen: Martina Lauterjung

Erkundungsexperimente

Spielerisch ausprobieren, was und wie es stimmt

Üben Sie eine Aktivität aus, nach der Ihnen ist beziehungsweise die Ihnen in den Sinn kommt. **Erkunden Sie dabei spielerisch,** was Ihnen guttun und wie es für Sie jetzt richtig sein könnte. Spüren Sie in Ihren Körper hinein, wie das für Sie ist. Wenn es sich irgendwie schwer, zäh und nicht so gut anfühlt, probieren Sie etwas anderes aus oder ändern Sie etwas an der Aktivität:
Variieren Sie Ihre Haltung, Ihre Präsenz, die Geschwindigkeit, den Energielevel oder Ihre »Brille«, mit der Sie schauen.

Entschleunigen Sie oder widmen Sie sich einem Teilaspekt, der Ihnen leichter von der Hand geht. Summen Sie oder spielen Sie mit dem Tempo, dem Energielevel, den Pausen.
Halten Sie inne, wenn etwas nicht stimmt. Fragen Sie sich: Was möchte geändert werden? Spüren Sie wieder in Ihren Körper hinein und lassen Sie dem Inneren Zeit wie bei den anderen Experimenten. Erkunden Sie neugierig und offen, ob es sich jetzt für Sie stimmig anfühlt. Achten Sie auf Ihre innere Resonanz. Wie fühlt es sich an, wenn Sie diesen inneren Impulsen folgen?

Ziel
Wenn Sie nach innen fragen und keine Antwort erhalten, können Sie spielerisch erkunden, was und wie es richtig sein könnte. Ihr Körper weiß die Antwort, die Sie in Ihrer inneren Resonanz finden.

Anwendungsbereiche
Während und außerhalb der Arbeit, als Blitztankstelle, in der Pause, am Feierabend, am Wochenende und im Urlaub.

Bitte beachten
Um herauszufinden, was für Sie stimmig ist, ist es wichtig, Ihren Körper zu spüren und aus dem FreiRaum heraus sich in der beschriebenen Focusing-Haltung dem Nichtwissen zu öffnen. Gehen Sie damit spielerisch um, erleben Sie das eigene innere Erleben mit einer großen Neugier, ganz unvoreingenommen. Schenken Sie sich annehmend, achtsam und absichtslos Aufmerksamkeit.

Ulrike Pilz-Kusch: **60 Impulskarten Kraftvoll durch den Tag**
Illustrationen: Martina Lauterjung

Erkundungs-experimente

Den gesunden Rhythmus finden

An einem Tag, an dem wenig zu tun ist, beginnen Sie mit einer etwas anspruchsvollen Tätigkeit wie beispielsweise ein Konzept schreiben im Büro oder mit Gartenarbeit zu Hause. **Spüren Sie dabei bewusst Ihren Körper und Ihren Atem.** Begleiten Sie sich freundlich-fürsorglich aus der Beobachterposition.

Sobald Ihre Energie und/oder Motivation ein wenig nachlassen, halten Sie inne. Gönnen Sie sich eine **Mini-Pause** oder wechseln Sie zu einer Aktivität, die Ihr Hirn, Ihren Körper und Ihr Herz anders beansprucht wie Teekochen oder Telefonieren. Sie können in sich hineinspüren und fragen: **Nach welcher Tätigkeit ist mir jetzt?** Was fühlt sich im Moment gut und stimmig an? Probieren Sie etwas aus. Sobald Ihre Motivation und Energie wieder sinken, hören Sie auf. Gönnen Sie sich eine kleine Pause. Gehen Sie dem nach, was Ihnen Freude bereitet. Sobald Ihre Arbeitslust zurückkehrt, nehmen Sie Ihre unterbrochene oder eine andere Aktivität wieder auf. **Erkunden Sie, inwieweit Ihr Atemrhythmus Ihnen helfen kann, Ihren eigenen gesunden Rhythmus zu finden.** Wie fühlt es sich an, wenn Sie auf Ihre inneren Rhythmen hören?

Ziele

Sie sparen Zeit- und Energieverluste, arbeiten produktiver und energievoller und sorgen für Ihre Balance, wenn Sie Ihre inneren Rhythmen beachten und die Anforderungen an Ihr Gehirn, Ihren Körper und Ihre Seele entsprechend variieren.

Anwendungsbereiche

Diese Erkundungstouren können Sie immer machen: während und außerhalb der Arbeit, am Feierabend, am Wochenende und im Urlaub.

Bitte beachten

Um herauszufinden, was für Sie stimmig ist, ist es wichtig, Ihren Körper zu spüren und aus dem FreiRaum heraus sich in der Focusing-Haltung dem Nichtwissen zu öffnen. Das bedeutet: Stehen Sie dem eigenen inneren Erleben unvoreingenommen gegenüber und beobachten Sie annehmend, achtsam und absichtslos. Schenken Sie Ihrer inneren Resonanz Ihre ganze Aufmerksamkeit.

Ulrike Pilz-Kusch: **60 Impulskarten Kraftvoll durch den Tag**
Illustrationen: Martina Lauterjung
 · ISBN 978-3-407-36639-9

Erkundungs-experimente

Grenzen erspüren

Bevor Sie vorschnell Termine, Verabredungen oder zusätzliche Aufgaben zusagen, sich verbiegen oder überfordern, um die Erwartungen anderer zu erfüllen, halten Sie einen Moment inne. **Schweigen Sie** und erbitten Sie sich eine **Bedenkpause.** Sagen Sie beispielsweise: »Ich bin gerade mit etwas anderem beschäftigt. Gestatten Sie mir einen Moment, damit ich diese Aufgabe abschließen kann.« Oder: »Ich rufe Sie gleich zurück.« Atmen Sie bewusst einen Moment durch.

Spüren Sie eine Weile mit Mini-Focusing in Ihren Körper hinein, wie sich das für Sie anfühlt, wenn Sie dieses Projekt, diese Aufgabe, Verabredung oder Verpflichtung zusätzlich übernehmen. Fragen Sie sich:

- **Habe ich** die **Kraft** und die **Zeit** dazu?
- **Fühlt** sich das für mich **stimmig** an?

Wandeln Sie die Fragen gegebenenfalls so ab, dass es für Sie passt. Warten Sie in Ruhe die innere Resonanz Ihres Körpers ab.

Ziel
Wenn Sie Ihre Grenzen früher bemerken und beachten möchten, dann ist dieses Erkundungsexperiment wirkungsvoll.

Anwendungsbereiche
Während und außerhalb der Arbeit, wenn andere Menschen etwas von Ihnen wollen.

Bitte beachten
Um herauszufinden, was für Sie stimmig ist, ist es wichtig, Ihren Körper spürend wahrzunehmen und aus dem FreiRaum heraus in der Focusing-Haltung in ihn hineinzuspüren, was genau sich für Sie stimmig anfühlt.

Ulrike Pilz-Kusch: **60 Impulskarten Kraftvoll durch den Tag**
Illustrationen: Martina Lauterjung
 · ISBN 978-3-407-36639-9